U0723028

# 人工智能机器人基础

## 高级

### 上册

主　编　闵海波
副主编　张建忠　吕远　张豆

清华大学出版社
北京

## 内 容 简 介

本套书面向义务教育阶段的小学生，内容符合《义务教育信息科技课程标准（2022年版）》的要求，育人目标明确，知识脉络清晰，以人工智能、机器人、编程为课程逻辑主线，遴选凸显三大学科核心概念、学科思维的课程内容，契合前沿科技"具身智能"领域"形态、感知、学习、行为"四模块结构体系，强调认知与应用并重，运用场景化、探究式、项目式等学习方式确保真实性学习，培养学生以人工智能为核心的信息科技素养。

本书内容以单元项目的形式展开，引导学生围绕人工智能的核心要素——"算法"展开学习，从算法的概念与特征，到算法的描述与分类，再到算法与算力的关系等，全面理解算法的奥秘；深入探究多种经典算法的概念和核心步骤，并设计了实践内容，帮助学生掌握相关原理；同时，学习了机器学习的基础概念，了解机器学习的方式，重点探究了两种机器学习算法的原理与构建逻辑；此外，还列举了多种人工智能的未来技术方向，探讨了未来可能面临的多种挑战等。本书旨在提升学生的科技洞察力、创新实践能力、跨学科综合能力，为他们成为未来科技发展的引领者奠定坚实基础。

本书封面贴有清华大学出版社防伪标签，无标签者不得销售。

版权所有，侵权必究。举报：010-62782989，beiqinquan@tup.tsinghua.edu.cn。

**图书在版编目（CIP）数据**

人工智能机器人基础：高级. 上册 / 闵海波主编. --北京：清华大学出版社，2025.8.

ISBN 978-7-302-70012-8

Ⅰ. G624.581

中国国家版本馆 CIP 数据核字第 20256UT628 号

责任编辑：赵轶华
封面设计：傅瑞学
责任校对：赵琳爽
责任印制：杨 艳

出版发行：清华大学出版社
   网  址：https://www.tup.com.cn, https://www.wqxuetang.com
   地  址：北京清华大学学研大厦 A 座     邮  编：100084
   社 总 机：010-83470000       邮  购：010-62786544
   投稿与读者服务：010-62776969，c-service@tup.tsinghua.edu.cn
   质量反馈：010-62772015，zhiliang@tup.tsinghua.edu.cn
印 装 者：北京博海升彩色印刷有限公司
经  销：全国新华书店
开  本：185mm×260mm   印  张：7.25   字  数：104 千字
版  次：2025 年 9 月第 1 版     印  次：2025 年 9 月第 1 次印刷
定  价：50.00 元

产品编号：113853-01

# 前 言
## PREFACE

　　同学们，提到人工智能，你们会想到什么？除了生活中常见的人脸识别、语音识别之外，你们一定听说了风靡全球的生成式人工智能，或许很多人还没有机会体验它的强大，但是人工智能再一次向人类展现了变革世界的能力。完全可以预见，人工智能一定会越来越深刻地影响人们的学习、生活和工作，也许就在不久的将来，电影中的场景将成为现实，人工智能产品将成为人类最得力的工作伙伴。那我们该如何应对人工智能带来的机遇和挑战呢？从现在开始，更好地了解这项快速发展的技术，认识到它的巨大作用，在此基础上培养自身的信息素养，或许能帮助大家找到适合自己的发展方向，更好地适应未来社会。

　　近几年，关注人工智能教育已经成为全人类的共识，欧美一些国家还特别制订了翔实的行动计划。我国也高度重视发展人工智能教育，在国务院于2017年7月出台《新一代人工智能发展规划》之后，教育部陆续发布了一系列政策文件，对人工智能教育做出规划。

　　人工智能教育需要从娃娃抓起，但因为人工智能知识很抽象、很复杂，所以为小学阶段的学生设计一套适合的人工智能课程，不是一件简单的事。为了解决这个难题，本套教材的设计者们找到了人工智能机器人这个好帮手，通过它，大家可以将机器人的"人工智能"和人的"自然智能"做比较，从而敲开人工智能世界的大门。相信在人工智能机器人的配合下，本套教材一定能很好地激发大家学习的热情。

本书一共包含四个项目。

项目一是"人工智能算法与算力",将探究算法与算力的基础概念,了解算法的特征,理解算力是通过硬件设备的高效运算,为算法的运行提供强大支撑,学习相关硬件知识。

项目二是"探究经典算法",将探究加密、穷举、排序、二分查找、贪心这五种经典算法的概念和核心步骤,区分不同算法的特点及应用场景,完成相关算法设计,控制机器人完成相应任务。

项目三是"走进机器学习",将探究机器学习的基础概念,理解机器学习和人工智能的关系,了解三种机器学习方式,学习决策树、K 均值聚类这两种机器学习算法的原理与构建逻辑。

项目四是"人工智能与未来社会",将探究人工智能未来发展的技术方向和可能会面对的挑战,深刻认识未来人工智能与人类协同发展的重要性。

为了配合项目式学习的过程,本书还为大家提供了丰富的人工智能科普故事和前沿知识,包括可计算思想的起源与发展、经典算法的起源与分类、决策树的剪枝、量子计算与人工智能等。另外,在程序设计方面,大家将进一步学习程序中的变量知识,并绘制相关流程图,学习使用变量设计更为复杂的算法程序,控制机器人在动态环境中做出智能决策。

除了将人工智能、机器人和编程知识做了有机融合,本套教材还遵循了教育部颁布的《义务教育信息科技课程标准(2022 年版)》,更加注重培养学生的信息科技素养。期待使用本套教材的同学们,不仅能发现和探索一个未知的世界,更能增添认识未来的不同思维方式和实践路径,发展计算思维、工程思维、创新思维等,成为具备信息科技核心素养的未来建设者。

编　者

2025 年 5 月

# 目　录
## CONTENTS

同学们，你们好，宾果又跟大家见面了。还记得之前我们一起探索了人工智能的哪些知识吗？在上一段学习之旅中，大家围绕人工智能的核心要素——"数据"展开学习，一起了解了数据的形式、来源、编码，学习了多传感器的协同，运用程序让机器人实现了对环境的多元感知，还知道了物联网、大数据与人工智能的相互作用，认识了数据的巨大价值及安全保护的重要性。相信大家在数据层面已经对人工智能有了更全面的认识，这也将帮助你们更好地进行接下来的学习。

　　这个学期，我们将围绕人工智能的核心要素——"算法"展开深入学习，理解算法的概念，清楚算法与算力的关系，探究多种经典算法的核心步骤，还将了解机器学习基础知识，接触机器学习算法，另外，还将了解多种人工智能前沿技术等。大家准备好了吗？让我们继续踏上探索人工智能学习的神奇之旅吧！

人工智能算法与算力

人工智能作为引领未来的战略性技术，正深刻改变着人类社会的生产与生活方式，而算法与算力正是人工智能发展的核心基石。算法是解决问题的"智慧密码"，如同精密的程序蓝图，指引机器解析数据、学习规律并作出决策；算力则是执行计算的"动力引擎"，硬件设备的高效运算，为算法的运行提供强大支撑。二者相辅相成，共同构建起人工智能的技术底座。从智能语音助手的精准识别，到自动驾驶系统的实时响应，背后都离不开算法的优化创新与算力的持续提升。本项目将聚焦算法与算力的基础概念，解析其与人工智能的内在关联，揭开智能时代的技术面纱。

## 项目目标

1. 理解算法的定义，知道算法是解决问题的工具，了解算法在生活中的应用，并理解算法"解决问题"的特征。
2. 掌握简单算法的基础设计方法，能运用流程图或自然语言"描述问题"的解决步骤，设计算法方案。
3. 理解经典算法与人工智能算法的区别，了解人工智能算法对人工智能技术发展的重要性。

4. 理解算力的概念，知道算力是计算机进行数据处理和计算的能力，能够用简单的语言描述算力与计算速度、处理数据量之间的关系。

5. 理解超级计算机的定义，知道其"运算速度快、处理能力强"的特点，掌握超级计算机在硬件架构上与普通计算机的主要区别。

6. 了解云计算如何通过网络将分散的算力资源整合，为用户提供便捷高效的计算服务，提升信息技术应用的感知能力。

7. 能区分算法与算力，明确算法是解决问题的步骤，算力是执行计算的能力，准确说出两者在人工智能中的作用。

## 项目过程

　　本项目设计了 2 次课，共 2 个学习活动。同学们将在教师和人工智能机器人的引导下，通过观察、讨论、小组合作等方式完成项目活动，达成学习目标。

　　活动一：通过列举生活中的算法案例，引导学生了解算法的概念，知道算法在生活中普遍存在，知道其对"解决问题"的重要性；了解算法的描述方法与特征；通过经典算法与人工智能算法的案例，理解每类算法的特点，明确其相同点及异同点，了解算法对人工智能技术发展的重要性。

　　活动二：从算力基础概念切入，直观展现超级计算机的强大算力；以云计算的弹性扩展、资源共享特性及常见服务模式为切入点，阐释分布式算力的运行逻辑与服务优势；结合前沿案例系统阐述算力理论与应用。

# 第 1 课　人工智能的引擎

## 思考与探索

### 想一想

　　算法是人工智能的引擎，对人工智能有着重要作用。什么是算法？算法有哪些特征？

### 探一探

1. 日常生活的很多场景中都存在着算法，请列举相应场景，将场景名称填写在下图中。

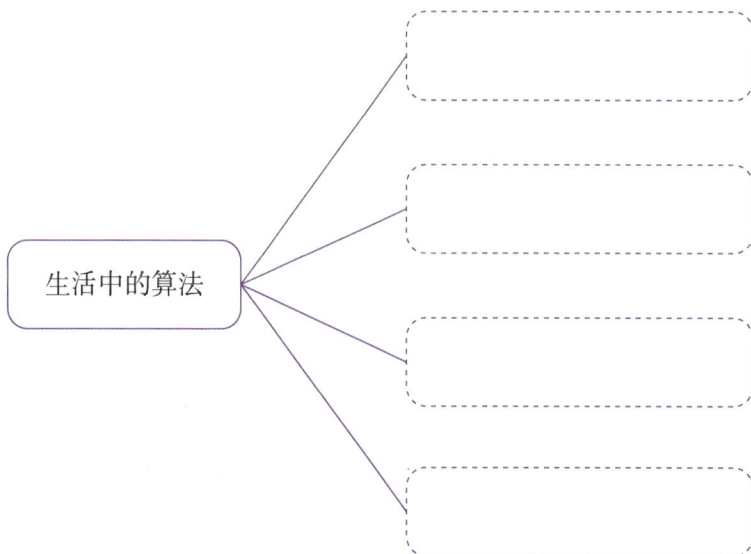

生活中的算法

2. 机器人扔垃圾步骤：开始、结束、蹲下、站起、捡垃圾、扔垃圾。请使用两种算法描述方式按照正确顺序描述机器人扔垃圾的步骤。

3. 请列举两种常见的算法类型，并说明其应用领域。

| 算法类型 | 应用领域 |
|---|---|
|  |  |
|  |  |

## 📖 AI 知识库

　　算法：是为解决特定问题而设计的一系列明确、有序的步骤，常用于计算、数据处理和自动推理。

　　算法的特征：

➤ 确切性：每个步骤都必须有确切的定义，且只有唯一的执行路径。

➤ 可行性：每个步骤都可以被分解为基本的、可执行的操作步骤。

➤ 有穷性：必须能在执行有限个步骤之后终止。

➤ 输入项：必须有 0 个或多个输入，以刻画运算对象的初始情况。所谓 0 个输入是指算法本身设定了初始条件。

➤ 输出项：一定能得到问题的解，有 1 个或多个结果输出。没有输出的算法是没有意义的。

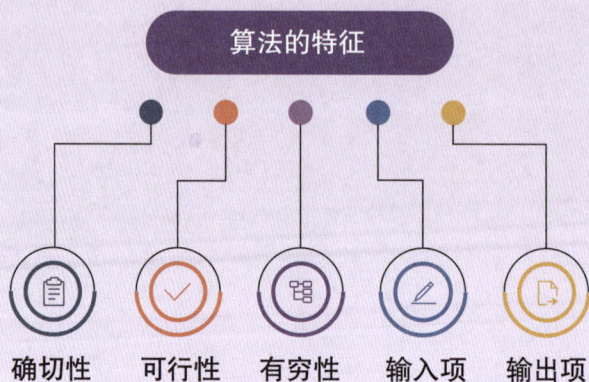

算法的特征

确切性　可行性　有穷性　输入项　输出项

算法的描述：是指用一种方式对设计出的算法进行详细的描述，以便与人交流。

➤ 自然语言描述：使用自然语言来进行算法的描述，尽量简洁明了，并采用清晰的逻辑结构。

➤ 流程图描述：使用流程图来描述算法的执行流程，通过不同的图形符号表示不同的操作和判断条件，使算法的逻辑更加直观。

算法的分类：基于算法的设计目标和应用场景可将算法分为经典算法和人工智能算法两类。经典算法是计算机科学的"工具库"，为复杂系统提供底层支持；人工智能算法则是"智能引擎"，让计算机具备从数据中学习和决策的能力，两者相辅相成。

➤ 经典算法：是计算机科学中解决各类基本问题的方法和步骤，是构建复杂算法和系统的基石。具有通用性强、应用场景广泛的特点，包括排序、查找、穷举等多种算法。

➤ 人工智能算法：是模拟人类智能行为的算法，旨在让计算机具备感知、推理、学习和决策等能力。其核心依赖数据驱动和数学建模，广泛应用于图像识别、自然语言处理、机器人等领域。包括传统机器学习算法、深度学习算法等。

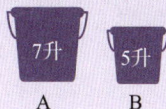

关于倒水问题的算法

倒水问题：如何通过两个水桶量出6升水？

1. 重复下述步骤两次

   ①将7升桶装满

   ②将它的水倒向5升桶（满为止）

   ③倒空5升桶

   ④将7升桶中剩的水倒向5升桶

2. 将7升桶装满

3. 将它的水倒向5升桶（满为止）

自然语言

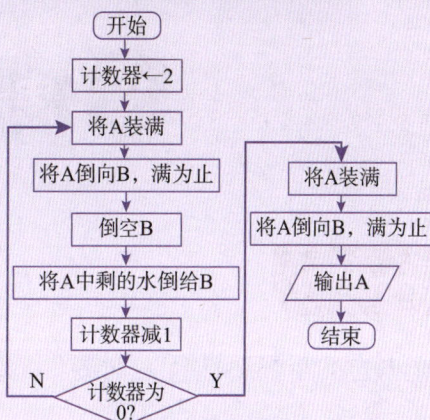

流程图

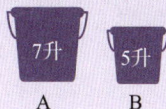

# 课堂练习

1. 算法是为解决特定问题而设计的一系列＿＿＿＿＿＿、＿＿＿＿＿＿的＿＿＿＿＿＿。

2. 算法的特征包括确切性、＿＿＿＿＿＿、＿＿＿＿＿＿、输入项、输出项。

3. 算法必须在执行有限个步骤后＿＿＿＿＿＿。

4. 算法可以用自然语言和＿＿＿＿＿＿来描述。

5. 计算机科学中通常使用＿＿＿＿＿＿算法来解决各类基础问题。

# 第 2 课　人工智能的加速器

## 思考与探索

### 想一想

　　算法的不断更新迭代，对硬件的算力提出了更高的要求，什么是算力？如何提升算力？

### 探一探

1. 请按算力规模从小到大，对以下设备进行排序，并将对应序号填入方格中。

①家用计算机　　②AI 训练平台　　③超级计算机　　④智能手表

| | | | | | |
|---|---|---|---|---|---|
| | < | | < | | < | |

2. 请将算力类型与对应的计算特点连线。

基础算力　　　　　　　用于人工智能的训练和推理计算

智能算力　　　　　　　面向通用任务，处理基础数据

超级算力　　　　　　　具备极高运算速度，应对超大规模任务

3. 某电商企业在"双十一"期间订单量激增，需要临时扩展服务器处理能力。
请分析该企业应采用哪种计算技术解决问题，并说明理由。

## AI 知识库

　　算力：即计算能力，是指计算机处理数据的能力；是集信息计算力、网络运载力、数据存储力于一体的新型生产力；存在于手机、笔记本电脑、超级计算机等各种智能硬件设备中。

　　算力的分类：按照使用设备、计算任务和提供算力强度的不同，算力可分为基础算力、智能算力和超级算力。

- ➤ 基础算力：基于 CPU 芯片的服务器所提供的算力，主要用于基础通用计算，如办公软件运行、常规数据库管理等，算力规模较小，通用性强。
- ➤ 智能算力：基于 GPU（图形处理器）、FPGA（现场可编程门阵列）、ASIC（专用集成电路）等 AI 芯片的加速计算平台提供的算力，主要用于人工智能的训练和推理计算，如语音、图像和视频的处理，算力密度高，能效比优，但通用性较低。

➢ 超级算力：由超级计算机等高性能计算集群所提供的算力，主要用于尖端科学领域的计算，比如行星模拟、药物分子设计、基因分析等。算力规模庞大，但成本极高，部署和维护复杂。

芯片：又称为集成电路，是一种通过半导体工艺将大量电子元件（如晶体管、电阻、电容等）集成在微小半导体晶圆上的微型化电子器件。它是现代电子设备的核心组成部分，广泛应用于计算机、手机、汽车、家电、通信等领域，相当于电子设备的"大脑"。

超级计算机：是一种运算速度非常快、存储容量特别大的计算机，具有超强的运算能力。越来越强大的超级计算机的研发，促进了人工智能的发展。以"天河二号"超级计算机为例，它能够在几天或几个小时里处理一般计算机一年甚至几年才能处理完的工作。

云计算：是分布式计算的一种，指的是通过网络"云"将巨大的数据计算处理程序分解成无数个小程序，然后通过多台服务器组成的系统进行处理和分析，再将结果返回给用户。云计算是一种全新的网络应用概念，其核心概念就是以互联网为中心，在网站上提供快速且安全的云计算服务与数据存储，让每一个使用互联网的人都可以使用网络上庞大的计算资源与数据中心。

## 课堂练习

1. 算力是指计算机_____的能力。

2. 基础算力基于_____芯片的服务器，主要用于基础通用计算，如_____、_____等场景。

3. "天河二号"超级计算机属于_____算力的范畴，其强大的运算能力能大幅缩短复杂计算任务的_____。

4. 芯片又称为_____，是现代电子设备的核心组成部分，相当于电子设备的_____。

5. 云计算通过网络"云"将数据计算处理程序分解成_____，再通过多台服务器组成的系统进行处理和分析，最终将_____返回给用户。

## 可计算思想的起源与发展

人类对"计算"本质的追问，贯穿了数学史、逻辑学与计算机科学的千年历程。从古希腊哲学家对形式逻辑的探索，到现代计算机科学的奠基，可计算思想经历了从朦胧直觉到严格数学定义的蜕变。这一过程不仅塑造了我们对"思维机械化"的认知，更重构了人类文明的底层逻辑。

很久以前，人们用石头、绳结来计数。后来，中国古人发明了算盘，通过上下滑动就能算数，可以算是最早的"计算器"。

公元前 5 世纪，毕达哥拉斯学派将数字视为宇宙本源的思想，开启了数学形式化的先河。柏拉图在《理想国》中提出"理念世界"的构想，暗示了抽象符号系统的存在可能。这种将思维对象化的哲学传统，为后世可计算思想的萌发提供了土壤。

真正的突破发生在 14 世纪的欧洲。西班牙神学家雷蒙·卢尔（Ramon Llull）发明的"逻辑轮盘"（Ars Magna），首次尝试用机械装置生成知识组合。这个由同心圆盘和符号组成的装置，通过旋转产生命题组合，虽显粗糙，却开创了用机械实现逻辑运算的先例。莱布尼茨（Leibniz）后来评价其为"用机器进行推理的最初尝试"。

17 世纪的科学革命为可计算思想注入了新的活力。帕斯卡（Blaise Pascal）1642 年发明的机械计算器（Pascaline），首次实现了加减法的自动化运算。莱布尼茨在此基础上改进的步进计算器（Stepped Reckoner），不仅能完成四则运算，更是二进制系统的雏形。这位通才学者预言："所有人类思维都可以简化为符号计算"，这一论断成为可计算思想的早期宣言。

1936 年成为计算思想史上的分水岭。图灵（Alan Turing）发明了一种抽象计算装置——图灵机。这个模型以惊人的简洁性捕捉了计算过程的本质特征：离散性、机械性和有限性。同年，丘奇（Alonzo Church）提出 λ 演算，以函数抽象和应用构建计算模型。尽管路径迥异，但二者最终证明了图灵机与 λ 演算的等价性。

第二次世界大战期间的计算需求，加速了理论模型的工程转化。图灵参与设计的密码破译机 Colossus，首次实现了电子管逻辑电路；冯·诺依曼（John von Neumann）提出的存储程序架构，将图灵机的抽象概念转化为可执行的机器指令。

1948 年香农（Claude Shannon）的《通信的数学理论》，将布尔代数引入电路设计，建立了数字逻辑的理论基础。这种数学工具与工程实践的完美融合，使抽象的计算理论得以在硅基芯片上重生。至此，可计算思想完成了从符号到实体的惊险跳跃，人类正式步入可编程时代。

从更宏大的视角来看，可计算思想的发展史本质上是人类不断将思维过程对象化、形式化的过程。这条探索之路上始终贯穿着两个永恒追问：思维的边界在哪里？机器能否超越创造者？对这些问题的解答，仍将是驱动可计算思想前进的核心动力。

## "东数西算"战略下移动云的算力网络革命

当我们使用手机扫码支付、上网课的时候，这些操作背后都离不开一种强大的力量——算力。在数字经济时代，算力就像曾经的热力、电力一样，成为新型生产力，推动着社会的发展和进步。

目前，我国算力资源分布存在着显著的"双峰分布"现象。东部地区是数字经济的高地，承载了全国 60% 以上的算力需求。然而，这里土地资源紧张、电力成本高昂，较西部高出 40%～60%，限制了算力的进一步发展。西部地区则恰恰相反，那里拥有丰富的可再生能源，数据中心的能源使用效率（PUE 值）可优化至 1.2 以下，十分"绿色"。但由于需求不足，算力利用率长期低于 35%，大量绿色算力被闲置。这种矛盾导致了东部超大型数据中心过度集中，每年额外消耗 120 亿千瓦·时电；西部的算力资源却白白浪费。

除了分布不均，技术架构的问题也不容忽视。在金融、政务等行业常用的私有云架构下，不同算力资源池之间存在协议壁垒，就像不同语言的人难以顺畅交流一样。异构计算芯片指令集的差异，导致跨平台任务调度效率损失超过 25%，阻碍了全国算力资源的动态优化配置。

为了解决这些问题，国家启动了"东数西算"工程。这就像是一场全国范围内的资源大调配，通过空间换时间的策略，在八大枢纽节点合理布局数据中心。例如，内蒙古乌兰察布数据中心集群采用直接新风冷却技术，年自然冷却时长超过 6000 小时；贵州贵安新区依靠水力发电，数据中心绿电占比达

95%。这样的布局，不仅能降低整体能耗20%，每年还能减少碳排放500万吨，既环保又高效。

在"东数西算"的推进过程中，中国移动云发挥了重要作用。其构建的"4+N+31+X"算力体系，将中心云、边缘云及端侧算力纳入统一管理平台。自主研发的算力感知网络（CAN）能实现毫秒级时延的跨域资源调度——如同一个高效智能的调度系统，能将长三角的工业仿真任务快速送到宁夏中卫集群，或将粤港澳的视频渲染作业转移到成渝枢纽，使跨域算力调度效率提升40%，资源利用率突破75%。

在工业制造和智慧城市领域，中国移动云也成果显著。在工业制造中，"5G+云边协同"体系接入10万台工业设备，助力企业提升生产效率。在智慧城市建设中，城市操作系统接入150个城市的治理数据，为城市规划、生态保护等提供有力支持。

这场算力革命，正在重塑数字中国的发展格局，为未来发展注入强劲动能。相信在不久的将来，算力会给我们的生活带来更多惊喜和改变。

## ·项目评价·

请根据如下思维导图，回顾和总结本项目所学知识。

```
算法的特征 ┐
算法的描述 ├─ 算法 ── 人工智能算法与算力 ── 算力 ┬ 算力的分类
算法的分类 ┘                                      ├ 芯片
                                                 ├ 超级计算机
                                                 └ 云计算
```

本项目完成后，请你根据如下评价表，对本项目的学习过程进行评价。

| 序号 | 评价内容 | 达成情况 | | |
|---|---|---|---|---|
| | | 达成 | 部分达成 | 尚需努力 |
| 1 | 能准确描述算法的定义，并举例说明其在生活中的应用 | | | |
| 2 | 理解算法的确切性、可行性、有穷性、输入项、输出项等核心特征 | | | |
| 3 | 能够运用自然语言或流程图描述简单问题的算法，且流程完整、逻辑严密，具备可执行性 | | | |
| 4 | 清楚经典算法与人工智能算法的区别，以及人工智能算法对人工智能技术发展的重要性和关键作用 | | | |
| 5 | 掌握算力的概念，了解算力与计算速度、处理数据量之间的关系 | | | |
| 6 | 知道超级计算机的定义，理解其"运算速度快、处理能力强"的特点 | | | |
| 7 | 知道云计算的工作原理，了解其通过网络整合分散的算力资源，为用户提供便捷高效的计算服务 | | | |
| 8 | 能识别不同算力的适用场景，知道算法复杂度与算力需求的匹配关系 | | | |
| 9 | 能将超级计算机、云计算等算力相关概念与算法知识相结合，理解它们在人工智能发展中的协同作用 | | | |

项目二

探究经典算法

算法是计算思维的核心要素，也是人工智能时代的三大支柱（数据、算法、算力）之一。本项目围绕加密算法、穷举算法、冒泡排序算法、二分查找算法、贪心算法，引导学生掌握设计、优化与分析简单算法的能力。课程以项目实践（如加密挑战、排序模拟）为主线，帮助学生在动手操作中体会算法对现代科技的支撑作用，培养计算思维、逻辑推理与问题解决能力，为人工智能时代的算法处理与创新应用奠定基础。

## 项目目标

1. 理解信息保护的基本逻辑，掌握古典加密算法的核心原理，包括替换式密码（凯撒密码）与置换式密码（栅栏密码）。

2. 能够设计加密规则，绘制流程图，模拟加密、解密过程，能够用"栏数"密钥对明文重组，分析传统加密的优缺点，感知信息安全的重要性。

3. 掌握穷举算法的核心思想，能够通过穷举所有可能解（如鸡兔同笼问题）验证答案的正确性，知道穷举算法的特点。

4. 能独立设计穷举算法的流程图，手动模拟数据遍历过程，知道计算机处理大规模穷举问题的优势。

5. 理解冒泡排序"相邻元素比较交换、大数逐步后移"的逻辑，能描述升序、降序排序的核心步骤。

6. 通过手动模拟成绩排序，掌握冒泡排序的每轮交换过程，明确排序后数组的有序性特征。

7. 掌握二分查找算法的概念及其核心思想，掌握二分查找"对半缩小范围"的搜索策略。

8. 能够在有序数组中运用二分查找快速定位目标元素，理解"数据有序性"对算法效率的影响。

9. 理解贪心算法的概念，深入理解贪心算法的核心思想，熟练记忆贪心算法的核心步骤。

10. 通过"找零钱""路径规划"等案例，运用贪心策略设计解决方案，并分析算法的特点。

## 项目过程

　　本项目设计了 5 次课，共 5 个学习活动。同学们将在教师和人工智能机器人的引导下，通过观察、讨论、小组合作等方式完成项目活动，达成学习目标。

　　活动一：通过简单且广为人知的凯撒密码和栅栏密码，初步了解替换式加密算法和置换式加密算法；知道这两种算法的加密规则，并能够使用流程图准确地表述这两种算法的加密过程；了解传统加密的局限性，体会信息安全的重要性。

活动二：通过经典数学案例"鸡兔同笼"，引出"穷举算法"，知道穷举算法是一种简单直接的数据查找方法；学习遍历数据的穷举策略与流程图设计；掌握列举所有可能解并验证正确性的能力。

活动三：通过生活中的排序场景，引出排序的基本思路和方法，学习冒泡排序算法；通过手动模拟冒泡排序，学习基础排序算法的实现逻辑；掌握数组排序的能力，并认识到数据整理的实际意义。

活动四：通过猜数字游戏和有序数据查找，如身高排序、生日月份，引出"二分查找算法"；学习二分查找算法的核心原理"对半缩小范围"；知道二分查找算法的实施步骤；掌握在有序数据中高效定位目标的方法，如在 7 次内猜中 1～100 的数字，理解"数据有序性"的前提意义。

活动五：通过生活中贪心算法的应用场景，如找零钱，引出贪心算法；了解贪心算法的概念和作用；知道贪心算法的核心步骤，直观理解贪心算法的特点；通过具体的生活案例，认识贪心算法在实际应用中的局限性。

# 第1课　信息如何加密

## 思考与探索

### 想一想

在影视剧中，会经常看到特工之间使用特殊方式传递信息，他们是如何对信息加密的？接收信息的人又是如何解密的？

### 探一探

1. 请在下方空白区域绘制流程图表示凯撒密码的加密过程。

2. 根据课堂所学，请你在左侧网格中设计密文，并写出解密规则，然后再请一位同学进行解密，并将相应的明文填写在右侧的网格中。

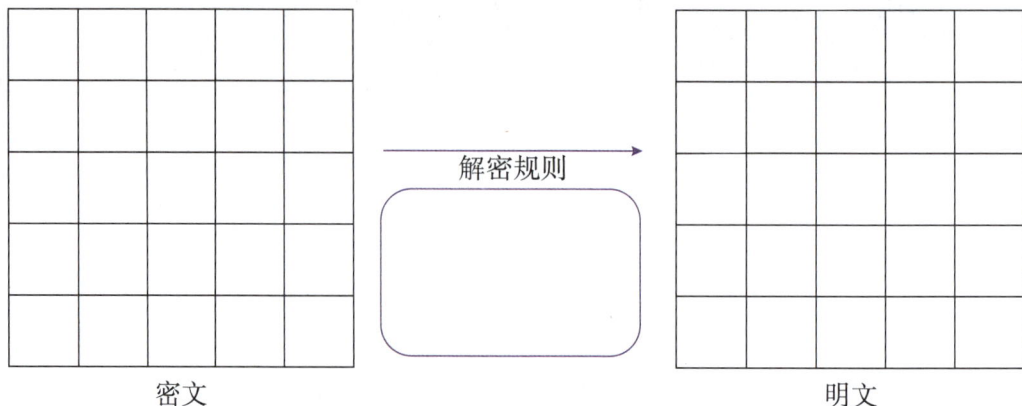

解密规则

密文　　　　　　　　　　　　　　　明文

3. 请以"2栏"为密钥，对明文"SECRET MESSAGE"进行栅栏密码加密，填写加密过程并写出最终的密文。

明文　　SECRET MESSAGE

加密过程

密文

## AI 知识库

替换式密码：又称为取代加密法，是密码学中按规律将文字加密的一种方式。其核心原理是通过字符替换来隐藏明文信息。具体来说，它将明文中的每个字符按照某种规则替换为另一个字符，从而生成密文。解密时则反向应用替换规则，将密文还原为明文。

凯撒密码：凯撒密码是替换式密码的一种，加密规则是把明文中的每个字母按照一定的规则移动，从而生成密文。例如：在凯撒密码中，替换规则是"按照字母表的顺序，每个字母向右移动3位"（如 A → D，B → E），此时密钥为"3"。

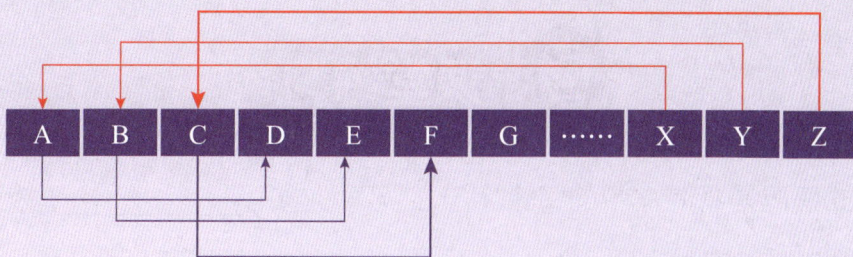

置换式密码：是密码学中的一类加密方法，其核心原理是不改变明文字符本身，而是通过重新排列字符的位置来生成密文。与替换式密码（通过替换字符内容加密）不同，置换式密码仅改变字符的顺序，但所有字符仍保持原文中的状态。

栅栏密码：是一种经典的置换式密码，将明文按特定"栏数"（密钥）分成若干组，每组字符按"上下交替"的方式排列成"栅栏"形状。加密时按列读取字符，解密时按"栏数"还原分组并按行读取。例如：对"THE LONGEST DAY MUST HAVE AN END"这串字符使用栅栏密码的方式进行加密和解密，以"2 栏"为密钥，具体过程如下。

➤ 加密过程：

①将字符串中的字母交替排成上下两行。

第一行：TEOGSDYUTAENN

第二行：HLNETAMSHVAED

②将下面一行字母排在上面一行的后边组合成密文。

TEOGSDYUTAENNHLNETAMSHVAED

➤ 解密过程：

①将密文直接拆分为两行。

第一行：TEOGSDYUTAENN

第二行：HLNETAMSHVAED

②将两行字母按上下顺序交替读取，还原成一句话明文。

THE LONGEST DAY MUST HAVE AN END

课堂练习

1. 替换式密码是将明文中的每个字符按照某种规则_____为另一个字符，从而生成密文。

2. 凯撒密码的加密规则是把明文中每个字母按一定规则_____，从而生成密文。

3. 置换式密码的核心原理是不改变明文字符本身，而是通过重新排列字符的_____来生成密文。

4. 栅栏密码属于经典的_____式密码，将明文按特定"栏数"分成若干组，每组字符按_____的方式排列成"栅栏"形状。

5. 替换式密码与置换式密码的本质区别在于：前者改变字符的_____，后者改变字符的_____。

# 第 2 课　暴力的穷举算法

## 想一想

有一个三位数的密码锁（每位上的数字为 0～9），但主人忘记了密码，需要你帮忙破解密码，你会用什么方法去破解？

## 探一探

1. 今有鸡兔同笼，上有三十五头，下有九十四足，问鸡兔各几何？请在下方绘制流程图，梳理本题的解题思路。

2. 水池里有螃蟹和乌龟共 8 只,腿的总数是 56 条。螃蟹有 8 条腿,乌龟有 4 条腿。请问螃蟹和乌龟各有多少只?请在表格中列举出所有的可能性,并判断是否符合。

| 乌龟数量 | 螃蟹数量 | 腿的总数<br>(乌龟 + 螃蟹) | 是否符合<br>(是√,否 ×) |
|---|---|---|---|
|  |  |  |  |
|  |  |  |  |
|  |  |  |  |
|  |  |  |  |
|  |  |  |  |
|  |  |  |  |
|  |  |  |  |
|  |  |  |  |

3. 请将左侧的描述与右侧穷举算法对应的特点用线连起来。

算法通过逐一列举所有可能的解并验证条件,
逻辑简单易懂                                    准确性高

只要穷举范围正确且条件验证无误,必定能找
到所有符合条件的解,无遗漏                      调试和验证方便

适用于数据规模较小的问题,执行效率较高         思路简单直观

算法逻辑清晰,便于逐行调试和验证中间结果       适用于小规模问题

# AI 知识库

遍历：是一种访问数据、处理数据的方法，在算法实现中，可以用于搜索、排序、过滤等操作。遍历数据就像给数据"点名"，需要把数据里的每一个元素都依次看一遍、处理一遍，不遗漏任何一个。比如：你有一盒彩色铅笔，想数一数一共有多少支，于是从第一支开始，一支一支地数到最后一支，这就是"遍历"。还有，教师批改全班同学的作业，要从第一个同学开始，一个一个查看，直到最后一个同学，这也是"遍历"。

穷举算法：又称为枚举算法，是一种通过列举所有可能的候选解，逐一验证是否符合条件，从而找到问题答案的算法。它像"地毯式搜索"一样，不依赖复杂的逻辑推导，而是通过暴力遍历所有可能性来找到正确解。

穷举算法的特点：

➤ 思路简单直观：通过逐一列举所有可能的解并验证条件，无须复杂的数学推导或数据结构，易于理解和实现。

➤ 准确性高：只要穷举范围正确且条件验证无误，必定能找到所有符合条件的解，不存在遗漏或错误。

➤ 适用小规模问题：对于数据规模较小的问题，穷举算法效率较高，甚至比复杂算法更快捷。

➤ 调试和验证方便：算法逻辑线清晰，便于逐行调试和验证中间结果，适合初学者理解算法逻辑。

生活中的穷举：在现实生活中，人们也常用穷举法思考、解决问题。例如，"鸡兔同笼"问题，起初会用"凑数"的方法来寻找答案，这个"凑数"过程其实就是通过穷举法遍历所有可能数据的过程。但人们思考、解决这类问题时，通常仅限于数据量较小的情况，如果数据量较大，这个"凑数"过程就会非常耗时。而如果让计算机通过遍历所有可能数据来求解，只需非常短的时间就能完成任务，这是因为计算机运算速度非常快，数据处理能力很强。

## 课堂练习

1. 遍历数据就像给数据"点名"，需要把数据里的每一个＿＿＿＿＿＿都依次看一遍、处理一遍，不遗漏任何一个。

2. 穷举算法又称为＿＿＿＿＿＿＿＿＿＿，它通过列举所有可能的候选解来寻找问题的答案。

3. 穷举算法的特点包括＿＿＿＿＿＿＿＿＿、＿＿＿＿＿＿＿＿＿、＿＿＿＿＿＿＿＿＿、＿＿＿＿＿＿＿＿＿。

4. 教师逐个检查全班同学的作业，这是在对学生作业进行＿＿＿＿＿＿操作。

5. 穷举算法适用于数据规模＿＿＿＿＿＿的情况，其效率较高，甚至比复杂算法更快捷。

# 第 3 课  从无序到有序

## 思考与探索

### 想一想

在日常生活中，排序是很常见的事情，例如对同学的身高和年龄进行排序。排序的方法有哪些？

### 探一探

1. 五年级（1）班 6 位同学的 50 米跑成绩如表所示，请找出最快和最慢的成绩（最小值和最大值）。如果进入决赛的条件是成绩不超过 12 秒，几位同学能进入决赛？

五年级（1）班 50 米跑成绩表

| 姓名 | 甲 | 乙 | 丙 | 丁 | 戊 | 己 |
|------|------|------|------|------|------|------|
| 成绩 / 秒 | 12.5 | 11.8 | 13.2 | 10.9 | 14.0 | 12.1 |

最快（最小值）：＿＿＿＿＿＿＿　　最慢（最大值）：＿＿＿＿＿＿＿

进入决赛的同学有＿＿＿＿＿＿位。

2. 现有 6 张数字卡片，分别是 60、85、30、73、80、51。请运用冒泡排序算法对卡片从小到大进行排序，并将每轮排序的结果记录在方块中。

| 原始数据 | 60 | 85 | 30 | 73 | 80 | 51 |
|---|---|---|---|---|---|---|
| 第1轮 | | | | | | |
| 第2轮 | | | | | | |
| 第3轮 | | | | | | |
| 第4轮 | | | | | | |
| 第5轮 | | | | | | |
| 最终结果 | | | | | | |

3. 现有 6 个数字需要使用冒泡排序算法完成从小到大的排序，思考一下，每轮需要比较几次，并将答案写在横线处。

第 1 轮比较＿＿＿＿次。

第 2 轮比较＿＿＿＿次。

第 3 轮比较＿＿＿＿次。

第 4 轮比较＿＿＿＿次。

第 5 轮比较＿＿＿＿次。

## 📖 AI 知识库

最值：常指一组数据中的最大值（最大的数）和最小值（最小的数）。就像班级里同学的身高有高有矮，最高的那个是"最大值"，最矮的那个是"最小值"。无论是一组身高数据，还是商店里的商品价格，都可以通过比较快速找到最大值和最小值。比如：某跳绳小组中 7 位同学每分钟跳绳次数分别是 120、95、150、80、200、130、120，其中，200 是最大值（跳得最多），80 是最小值（跳得最少）。

## 甲组同学跳绳记录

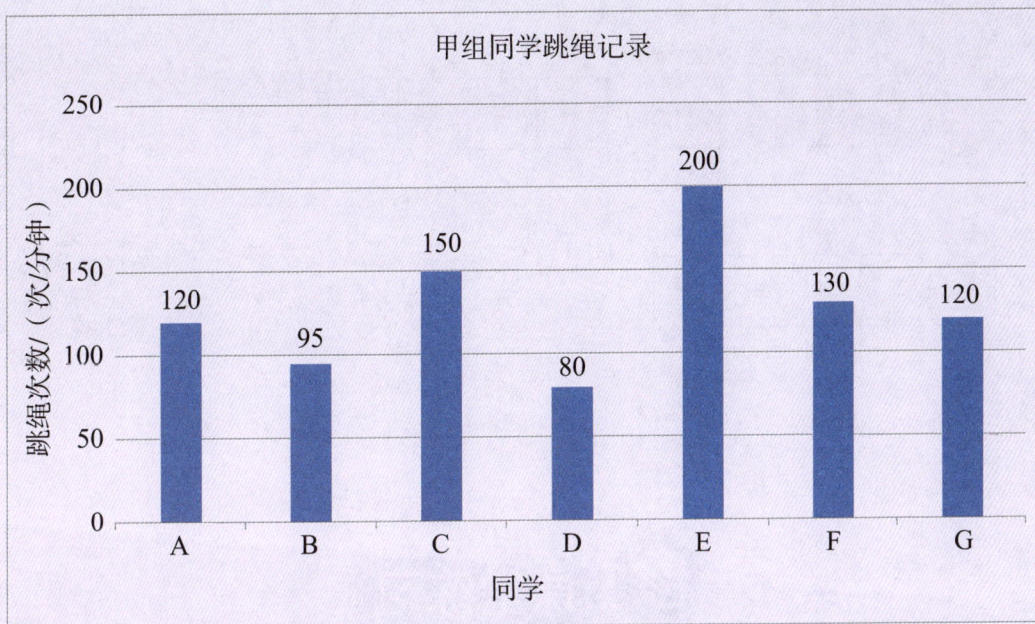

冒泡排序：是一种简单的排序算法，其核心思想是通过相邻元素之间的比较和交换，将较大的元素逐步"冒泡"到数组的末端（降序则是将较小的元素逐步"冒泡"到数组的末端），就像水中的气泡会向上浮动一样，因此得名"冒泡排序"。

冒泡排序的核心步骤（以升序排序为例）：

➤ 从数组的第一个元素开始，依次比较相邻的两个元素。如果前一个元素大于后一个元素，则交换它们的位置。

➤ 对数组中每一对相邻元素重复上述比较和交换操作，直到处理完最后一对元素。

➤ 每完成一轮比较，数组中最大的元素会"冒泡"到数组的末尾。

➤ 重复上述过程，直到没有元素需要交换，即数组完全有序。

原始数据

| 36 | 38 | 34 | 21 |
|----|----|----|----|

第一轮

不变

| 36 | 38 | 34 | 21 |
|----|----|----|----|

交换

| 36 | 34 | 38 | 21 |
|----|----|----|----|

交换

| 36 | 34 | 21 | 38 |
|----|----|----|----|

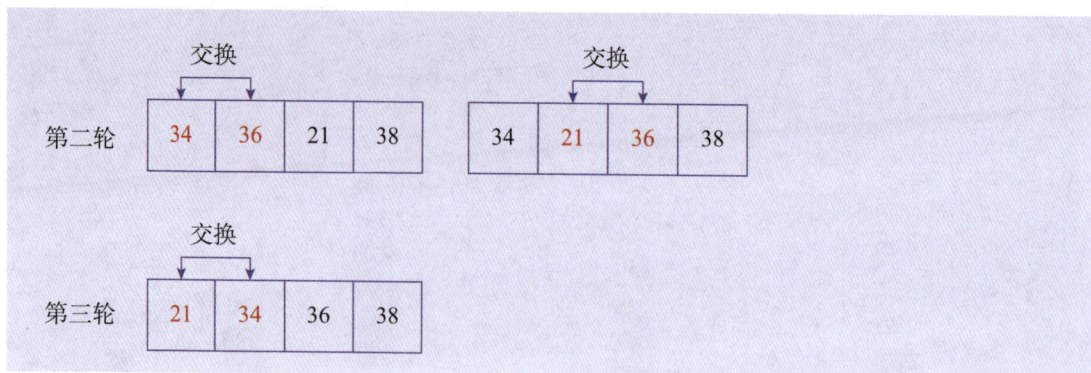

第二轮 | 交换 | 34 | 36 | 21 | 38 || 交换 | 34 | 21 | 36 | 38

第三轮 | 交换 | 21 | 34 | 36 | 38

📝 课堂练习

1. 最值是指一组数据中的＿＿＿＿＿＿＿＿＿＿和＿＿＿＿＿＿＿＿＿＿。

2. 某班 5 名同学的数学考试成绩分别为 85、92、78、100、95。其中，最高分是＿＿＿＿＿，最低分是＿＿＿＿＿，最高分与最低分的差值是＿＿＿＿＿。

3. 使用冒泡排序进行升序排序时，要从数组的第一个元素开始，依次比较＿＿＿＿＿＿的两个元素。如果前一个元素大于后一个元素，则＿＿＿＿＿它们的位置。

4. 使用冒泡排序将数字 5、1、4、2 按从小到大排列，写出前两轮的排序结果。

   第一轮：＿＿＿＿＿＿＿＿＿＿＿＿＿＿＿＿＿＿＿＿＿＿＿＿

   第二轮：＿＿＿＿＿＿＿＿＿＿＿＿＿＿＿＿＿＿＿＿＿＿＿＿

5. 使用冒泡排序将数字 3、1、4、2、5 进行降序排列，第一次遍历后，数组末端的元素是＿＿＿＿＿＿。

# 第4课 二分查找更高效

## 想一想

小华与同学玩猜数字游戏，范围是 1～100，小华每次都能在 7 次内猜中，为什么小华总能快速猜对？如果是你，你需要几次才能猜中？

## 探一探

1. 请用二分查找算法继续猜数，数的范围扩大为 1～1000。一个同学默默想一个数，另一个同学猜，直到猜对为止。记录猜测的次数和范围，两个同学各猜一轮。

| 猜测次数 | 猜测范围 | 猜测数字 | 猜测结果 |
|---|---|---|---|
| 1 | 1～1000 | 500 | 大了 |
|  |  |  |  |
|  |  |  |  |
|  |  |  |  |
|  |  |  |  |
|  |  |  |  |

续表

| 猜测次数 | 猜测范围 | 猜测数字 | 猜测结果 |
|---|---|---|---|
|  |  |  |  |
|  |  |  |  |
|  |  |  |  |
|  |  |  |  |
|  |  |  |  |
|  |  |  |  |

2. 书架上有编号 100～200 的书（已排序），请用二分查找算法找到编号为 168 的书，并将查找的过程记录在表格中。

| 猜测次数 | 猜测范围 | 猜测编号 | 猜测结果 |
|---|---|---|---|
|  |  |  |  |
|  |  |  |  |
|  |  |  |  |
|  |  |  |  |

3. 二分查找算法的核心步骤有哪些？请将步骤图补充完整。

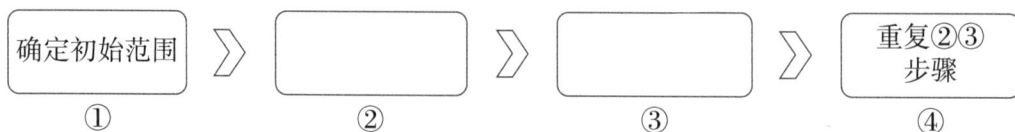

| 确定初始范围 | | | 重复②③步骤 |
|---|---|---|---|
| ① | ② | ③ | ④ |

## AI 知识库

二分查找算法：也称折半查找，是一种高效的搜索算法，用于在有序数组中快速查找特定元素。其核心思想是每次将搜索范围缩小一半，通过与中间元素的比较，逐步排除不可能包含目标元素的部分，直到找到目标元素或确定目标元素不存在。

二分查找算法的核心步骤：

➤ 确定初始范围：先确定目标所在的一个较大范围，比如在猜数字游戏中，我们设定初始范围是 1～100，要猜的数字是 48。

➤ 计算中间值：找到该初始范围的中间数，比如 1～100 的中间数是 50。

➤ 比较中间元素：将中间数与目标数进行比较，如果中间数刚好是目标数，那么就找到了目标数；如果中间数比目标数大，就舍去小的那一半范围；如果中间数比目标数小，就舍去大的那一半范围。

➤ 重复前面两个步骤：不断循环这个过程，范围会越来越小，直到找到目标数。如果循环结束后，仍未找到目标数，则表示目标数不在 1～100 的范围。

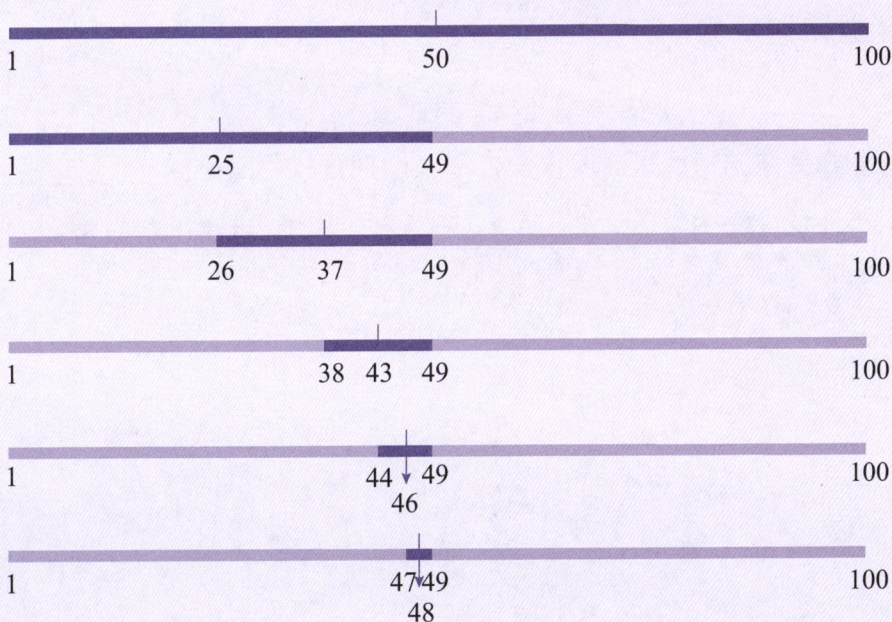

二分查找算法的特点与应用：

➤ 优点：查找速度快，每次能把查找范围缩小一半。

➤ 缺点：要求数组必须有序，若数据动态变化，维护有序性的成本较高。

➤ 适用场景：适用于静态有序数据集的频繁查找。因为二分查找要求数据保持有序，频繁修改数据顺序会增加维护成本。

## 课堂练习

1. 二分查找算法也称＿＿＿＿＿＿＿＿＿＿，是一种高效的搜索算法，用于在有序数组中快速查找特定元素。

2. 使用二分查找算法查找数据时，每次查找会先比较＿＿＿＿＿＿＿＿＿与目标数的大小关系。如果目标数小，就舍去数组中＿＿＿＿＿＿的那一半范围。

3. 在猜数字游戏里，若起始范围设定为1～200，首次查找的中间值是＿＿＿＿＿＿。

4. 二分查找算法的特点是速度很快，每次能把查找范围缩小＿＿＿＿＿＿。

5. 二分查找算法适用于＿＿＿＿＿＿＿＿＿数据集的频繁查找。

# 第 5 课　什么是贪心算法

## 思考与探索

### 想一想

　　超市里的糖果 1 元 1 颗，巧克力 3 元 1 块，薯片 5 元 1 包。现在你有 10 元钱，若要求购买的零食数量尽可能多，你会怎么买？

### 探一探

1. 甲同学去文具店买了一本笔记本，价格是 12 元。她给了收银员一张 20 元的纸币，收银员需要用 1 元、5 元和 10 元的纸币找零。请按照贪心算法，列出找零的步骤，并计算总共需要多少张纸币。

   需要找零的金额：20 元 – 12 元 =_____元。

   第一步：选择最大面值的纸币，即_____元，能用_____张。

   剩余金额：_____元 – _____元 = _____元。

   第二步：在剩下的金额中，继续选最大面值的纸币，即_____元，能用_____张。

   剩余金额：_____元 – _____元 = _____元。

   第三步：用最小的纸币补齐，即_____元，需要_____张。

结论：

纸币组合：_____张 10 元 + _____张 5 元 + _____张 1 元，共_____

张纸币。

2. 乙同学在游乐园游玩，游乐园地图如下（箭头旁的数字表示两个景点之间的步行时间，单位：分钟）。他想从入口出发，尽快到达摩天轮。请使用贪心算法写出该同学从入口到摩天轮的路径，计算总耗时，并判断该路径是否为用时最少路径。

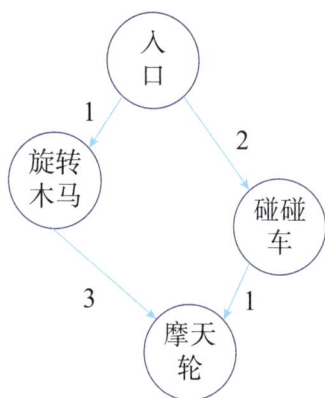

3. 小组内讨论一下，贪心算法有哪些局限性？将讨论的结果填写在下方空白区域。

# AI 知识库

贪心算法：是一种在每一步选择中都采取当前状态下最优（局部最优）的选择，从而希望最终获得全局最优解的算法策略。其核心思想是"局部最优即全局最优"，但这种策略并不总是有效，例如，要找到从 A 点到达 E 点的最短路径，根据贪心算法策略，在 A 节点选择 A → B，在 B 节点选择 B → D，在 D 节点选择 D → E，故找到的路径为 A → B → D → E。

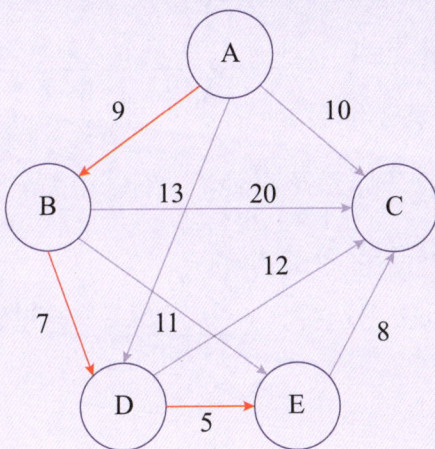

贪心算法的核心步骤：

➤ 问题分析：明确问题的目标和约束条件。

➤ 确定贪心策略：设计一个局部最优的选择标准（如"最小""最大""最早"等）。

➤ 迭代求解：从初始状态开始，每一步都根据贪心策略做出当前的最优选择。然后更新问题状态，排除已选择的选项，继续下一步选择。

➤ 设置终止条件：当无法继续选择或达到问题的终止条件时，算法结束。

贪心算法的特点：

➤ 优点：简单高效易实现。无须复杂数据结构或回溯操作，适用于大规模问题。策略直观，代码逻辑简洁，常基于排序、遍历等基础操作实现。

➤ 缺点：不保证全局最优。局部最优选择可能导致全局次优解。一旦做出选择，无法通过调整之前的决策来优化结果。

1. 贪心算法是一种在每一步选择中都采取当前状态下_____的选择，从而希望最终获得全局最优解的算法策略。

2. 贪心算法的核心步骤包括问题分析、_____、_____和设置终止条件。

3. 贪心算法的终止条件是当_____或达到问题的终止条件时，算法结束。

4. 贪心算法简单高效易实现，策略直观，代码逻辑简洁，常基于_____、_____等基础操作实现。

5. 在贪心算法中，一旦做出选择，_____通过调整之前的决策来优化结果。

## 经典算法的起源与分类

### 一、经典算法的起源与发展脉络

经典算法的历史可以追溯至古代。古巴比伦人在黏土板上记录的平方根计算方法，以及古埃及人处理土地丈量问题时使用的几何算法，均为早期算法思想的雏形。现代意义上的算法概念则随着计算机科学的诞生而逐渐成型。1936年，图灵提出的图灵机模型为算法的形式化定义奠定了基础，并证明了某些数学问题存在通用的计算解决方案。

在计算机科学发展初期，排序和查找算法成为研究重点。冒泡排序、插入排序、快速排序等排序算法相继被提出，这些算法针对不同的应用场景和数据规模，在时间复杂度和空间复杂度上各有优劣。例如，冒泡排序虽然原理简单，但时间复杂度较高，适用于小规模数据；而快速排序则通过分治策略，平均时间复杂度较优，广泛应用于大规模数据处理。随着计算机性能的提升和数据规模的爆炸式增长，算法的研究逐渐从基础运算拓展到更复杂的领域。

### 二、经典算法的分类与核心思想

#### （一）排序与查找算法

排序算法旨在将一组数据按照特定顺序进行排列。除了前面提到的冒泡排序，还有归并排序、堆排序等。归并排序采用分而治之的策略，将原始数据不断分割成子序列，对每个子序列排序后再进行合并，适用于外部排序等场景。堆排序则利用堆这种数据结构，将待排序序列构建成最大堆或最小堆，通过不断取出堆顶元素实现排序，在空间复杂度上具有优势。

查找算法用于在数据集合中定位特定元素,常见的有顺序查找、二分查找。顺序查找简单直接,依次遍历数据元素进行比较,但效率较低;二分查找则要求数据有序,通过每次将查找区间缩小一半,大幅提高查找效率,广泛应用于数据库索引查找等场景。

### (二)图算法

图算法用于处理由节点和边构成的图结构数据,在社交网络分析、交通路径规划等领域有重要应用。深度优先搜索(DFS)和广度优先搜索(BFS)是图遍历的基础算法。深度优先搜索沿着一条路径尽可能深地探索,直到无法继续才回溯;广度优先搜索则从起始节点开始,逐层向外扩展探索。

最短路径算法也是图算法的重要分支,迪杰斯特拉(Dijkstra)算法用于计算单源最短路径,它通过维护一个距离源节点最近的节点集合,逐步扩展找到所有节点的最短路径;弗洛伊德(Floyd)算法则可以计算图中任意两点之间的最短路径,基于动态规划思想,在解决多源最短路径问题上表现出色。

### (三)动态规划算法

动态规划算法适用于解决具有最优子结构和重叠子问题的问题。其核心思想是将原问题分解为多个子问题,通过求解子问题的最优解来得到原问题的最优解,并利用记忆化技术避免重复计算子问题。例如,在背包问题中,给定背包容量和一系列物品的重量与价值,动态规划算法可以高效地找到能装入背包的最大价值物品的组合。

## 经典算法的拓展与前沿应用

### 一、量子计算对经典算法的挑战与融合

随着量子计算技术的发展,经典算法面临着新的挑战与机遇。量子计算机

基于量子比特（qubit）的叠加和纠缠特性，能够实现并行计算。例如，肖尔（Shor）算法利用量子计算的特性，在多项式时间内完成对大整数的质因数分解，这对基于大整数分解的经典密码学算法构成严重威胁，促使密码学领域研究新的抗量子计算的加密算法。同时，研究人员也在探索将经典算法与量子计算相结合，开发适用于量子计算机的混合算法，以解决传统计算机难以处理的复杂问题。

## 二、人工智能与经典算法的协同发展

在人工智能领域，经典算法是机器学习和深度学习模型的基础。例如，在机器学习的决策树算法中，信息增益等经典算法思想用于选择最佳特征进行节点划分；在深度学习的反向传播算法中，梯度下降这一经典优化算法用于调整神经网络的参数。同时，人工智能的发展也为经典算法带来了新的应用场景和优化方向。强化学习算法可以优化传统路径规划算法，使其在复杂动态环境中做出更优决策；生成对抗网络（GAN）的思想也启发研究人员改进传统图像分割、数据生成等算法。

## 三、经典算法在新兴领域的应用拓展

在物联网、区块链等新兴领域，经典算法发挥着不可或缺的作用。在物联网中，数据采集、传输和处理过程都需要高效算法的支持，例如，基于聚类算法对传感器采集的数据进行分类处理，以降低数据传输量、提高处理效率；在区块链技术中，哈希算法用于保证数据的完整性和不可篡改性，共识算法[如工作量证明（PoW）、权益证明（PoS）等]可以确保分布式账本的一致性和安全性。

经典算法作为计算机科学的核心内容，从古代的简单计算方法发展到如今在众多前沿领域的广泛应用，始终在不断演进和拓展。随着技术的持续进步，经典算法将与新兴技术深度融合，为解决更多复杂问题提供有力支持，其背后蕴含的思想和方法也将继续启发新算法的研究与开发。

## · 项目评价 ·

请根据如下思维导图，回顾和总结本项目所学知识。

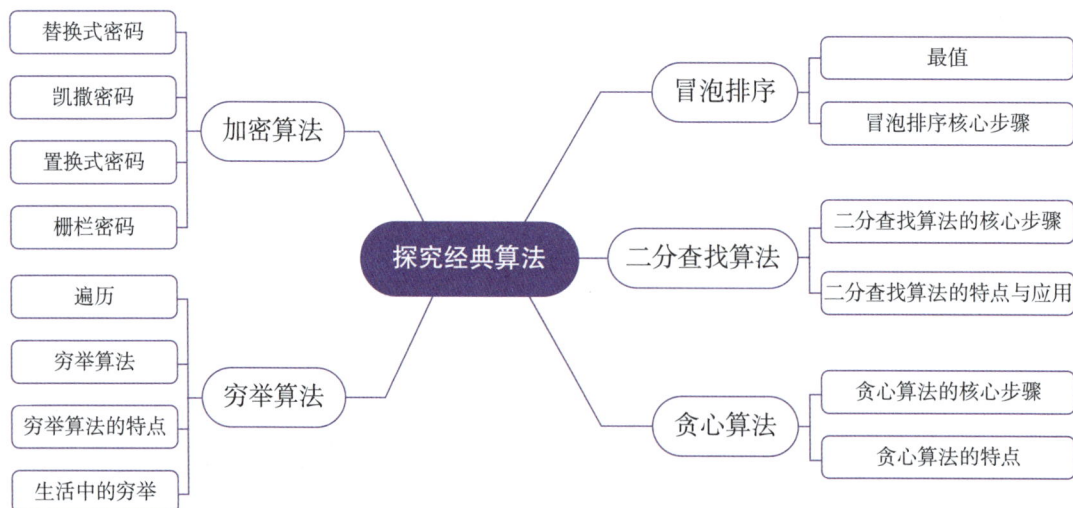

本项目完成后，请你根据如下评价表，对本项目的学习过程进行评价。

| 序号 | 评价内容 | 达成情况 | | |
|---|---|---|---|---|
| | | 达成 | 部分达成 | 尚需努力 |
| 1 | 理解信息保护的基本逻辑，掌握古典加密算法的核心原理，包括替换式密码与置换式密码 | | | |
| 2 | 能够设计加密规则，绘制流程图，模拟加密、解密过程，分析传统加密算法的优缺点 | | | |
| 3 | 掌握穷举算法的核心思想，能够通过穷举所有可能解验证答案的正确性 | | | |
| 4 | 理解解题逻辑，能独立设计流程图梳理解题思路，手动模拟数据遍历过程 | | | |
| 5 | 掌握基础排序算法的实现逻辑，知道冒泡排序的概念 | | | |
| 6 | 通过手动模拟数组排序过程，理解冒泡排序的核心步骤 | | | |
| 7 | 掌握二分查找算法的核心原理与实施步骤 | | | |
| 8 | 能够在有序数组中，运用二分查找快速定位目标元素 | | | |
| 9 | 理解贪心算法的概念，深入理解贪心算法的核心思想，熟练记忆贪心算法的核心步骤 | | | |
| 10 | 通过"找零钱""路径规划"等案例，运用贪心策略设计解决方案，并分析算法的特点 | | | |

走进机器学习

近年来，人工智能的爆发式发展主要得益于数据驱动的机器学习技术的不断突破。本项目立足机器学习基础，从人类学习机制引出机器学习概念，阐释其与人工智能的内在关联，对比监督学习、无监督学习、强化学习三种机器学习方式，解析决策树、K 均值聚类等经典机器学习算法的原理与构建逻辑。通过丰富的课堂活动，引导学生体验模型训练、验证与应用的完整流程，掌握数据集划分、算法核心环节等关键知识，建立从数据特征到智能决策的基础认知框架。

## 项目目标

1. 理解机器学习的基本概念，清楚机器学习和人工智能的关系，了解机器学习可以完成的任务类型。

2. 了解数据集的基本概念及划分方法，知道什么是训练集、测试集，掌握机器学习的基本流程，能够区分训练模型和应用模型。

3. 理解监督学习、无监督学习、强化学习三种机器学习方式的基本含义及特点，了解各自的应用场景。

4. 知道监督学习和无监督学习的区别，理解特征与标签的含义，清楚数据标注对监督学习的重要性。

5. 了解决策树算法的基本原理，知道决策树的结构，清楚决策树中各节点的含义。

6. 掌握决策树的构建流程，能够根据实际问题构建相应的决策树。

7. 了解聚类的含义及 K 均值聚类算法的基本原理。

8. 掌握经典的 K 均值聚类算法的基本流程，能解释算法的关键环节和相关概念。

9. 能够应用 K 均值聚类算法对简单的一维、二维特征数据进行聚类。

## 项目过程

本项目设计了 5 次课，共 5 个学习活动。同学们将在教师和人工智能机器人的引导下，通过观察、讨论、小组合作等方式完成项目活动，达成学习目标。

活动一：通过分析人类的学习过程，引出机器学习的概念，了解机器学习与人工智能的关系；学习机器学习的基本流程，知道训练模型和使用训练好的模型的不同，掌握样本、数据集、训练集、测试集等概念；了解机器学习的应用，掌握机器学习能完成的各类任务，如分类、聚类等，体会机器学习的强大。

活动二：通过列举生活中不同场景下人的学习方式，引出机器学习的方式；了解机器学习的三种不同方式：监督学习、无监督学习、强化学习，知道每种方式的含义、特点及应用场景；重点学习和掌握监督学习和无监督学习的区别，清楚无监督学习和监督学习在样本数据角度的不同。

活动三：通过日常生活中的简单决策场景，引出学习决策树；了解决策树的定义和基本原理，学习决策树的结构及各节点的含义，了解决策树算法的应用；通过"猜数字"趣味活动，感受决策树算法与经典二分查找算法的结合；理解决策树的基本构建流程，简单了解数据纯度的含义，能够根据实际问题构建简单的决策树。

活动四：回顾决策树通过数据特征与标签的关联实现分类任务，引出无标签场景下的数据分组问题，即聚类任务；了解聚类的含义和 K 均值聚类算法的基本原理；通过纸笔演算活动，体验一维特征数据的 K 均值聚类过程，感知 K 均值聚类算法的基本流程，知道算法中的关键环节及相关概念。

活动五：回顾一维特征数据的 K 均值聚类过程，引出二维特征数据的聚类问题；了解平面直角坐标系相关知识；学习两种基于距离的相似度度量方法：曼哈顿距离、欧几里德距离；通过纸笔演算活动，体验二维特征数据的 K 均值聚类过程，基本掌握 K 均值聚类算法的基本流程，能够解释算法中的关键环节及相关概念。

# 第 1 课　什么是机器学习

## 思考与探索

## 想一想

　　人类获取知识的基本手段是学习，学习能力是人类智能的重要标志。机器能不能学习呢？机器又是如何学习的？

## 探一探

1. 请类比人类的学习过程，说一说机器的学习过程是怎么样的。（可通过画示意图进行说明）

2. 请根据所学知识，将下列机器学习的过程图补充完整。

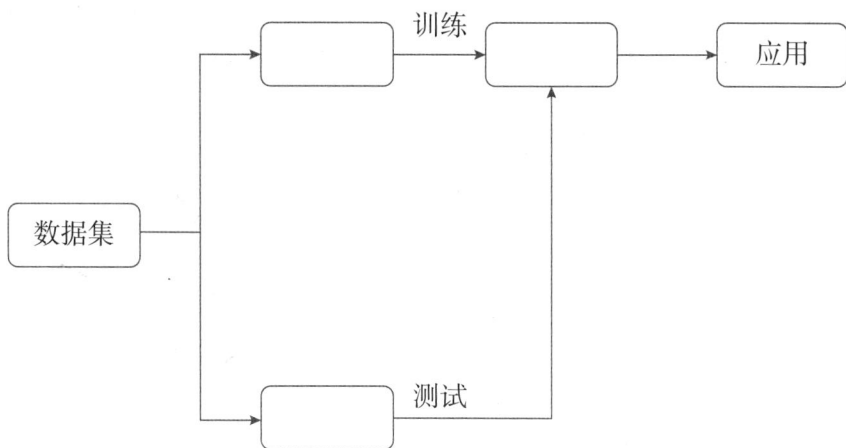

```
      ┌────────┐  训练  ┌────────┐      ┌──────┐
   ┌─→│        │──────→│        │─────→│ 应用 │
   │  └────────┘       └────────┘      └──────┘
   │                       ↑
┌──────┐                   │
│数据集│                   │
└──────┘                   │
   │  ┌────────┐  测试     │
   └─→│        │───────────┘
      └────────┘
```

3. 请根据所学知识，将左侧的机器学习应用场景与右侧最匹配的任务类型进行连线。

根据用户输入的文章主题，自动生成文章内容　　　　　分类任务

根据用户购买行为将客户分成 5 个群体　　　　　强化学习任务

下棋机器人不断改进下棋策略，提高下棋水平　　　　生成任务

判断照片是小猫还是小狗　　　　　聚类任务

## 📖 AI 知识库

机器学习：是一种让计算机"像人一样学习"的技术。它不需要人们给计算机编写具体的操作步骤，而是让计算机通过分析大量的数据，自己总结规律、学会"做事"。比如，计算机可以通过学习很多猫狗的图片，学会分辨哪些是猫，哪些是狗。

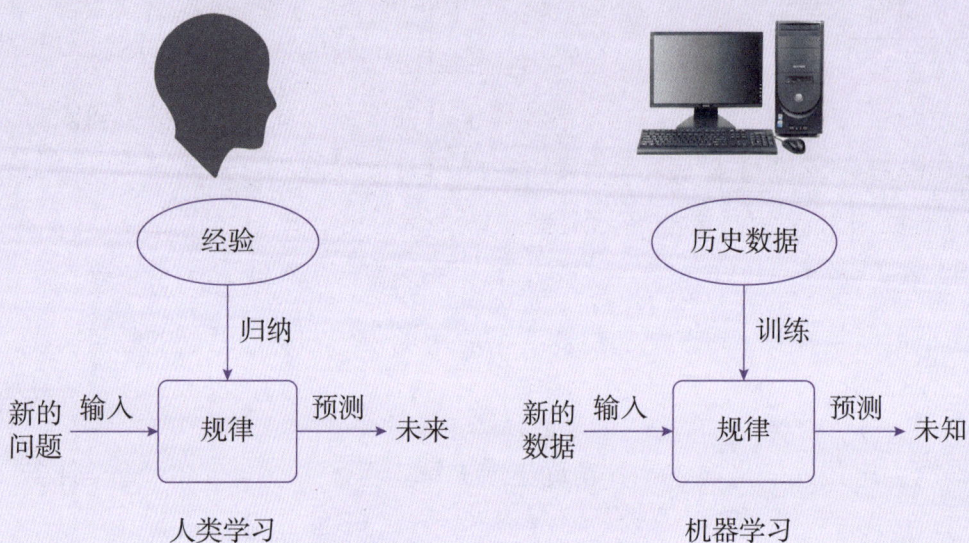

机器学习的基本流程：

➢ 准备数据：收集与要解决的问题相关的数据。例如，想让计算机学会识别手写数字，就要收集很多手写数字的图片，这些数据要尽可能多样、准确。

➢ 训练模型：把准备好的数据输入特定的机器学习算法中，让计算机通过分析数据来总结规律，结果是构建一个"模型"。比如，计算机通过分析大量手写数字图片，慢慢发现"数字 0 的形状像圆圈""数字 1 是一条竖线"等规律，从而形成一个能识别数字的模型。

➢ 测试模型：用一部分之前没给过计算机的新数据来检验模型的效果。比如，用 100 张没学习过的手写数字图片让模型识别，看看模型能正确识别多少张。如果错误太多，就需要调整算法或补充数据，让模型"重新学习"。

➤ 应用模型：当模型测试效果不错后，就可以把它用到实际场景中。比如，将识别手写数字的模型应用到手机的手写输入功能中，让它实时识别用户写的数字。

准备数据 ➡ 训练模型 ➡ 测试模型 ➡ 应用模型

样本：是数据集中的"单个实例"。比如，在识别动物图片时，每一张图片和它对应的信息（比如"熊猫"）就是一个样本，每个样本都包含了用于学习的具体信息。

数据集：是由大量样本组成的"数据集合"，它包含了机器学习所需的所有数据，这些数据可以是图片、文字、数字、声音等各种形式。通常划分为训练集和测试集两部分。

➤ 训练集：是数据集中用来让计算机"学习"的部分，就像学生的"课本"和"练习题"。计算机通过分析训练集的数据来总结规律、构建模型。

➤ 测试集：是数据集中用来"测试"的部分，这部分数据在训练时没有给过计算机。当模型训练完成后，用测试集来检验模型的学习效果，看看它能不能正确处理新的、没学过的数据。

机器学习的应用：机器学习可以完成多种类型的任务，常见的几类任务如下。

➤ 分类任务：根据数据的特征，判断它属于哪个类别。例如，垃圾邮件识别、人脸识别等。

➤ 聚类任务：根据数据的相似性，将它们分成不同的组。例如，客户分群、社交网络分析等。

➤ 强化学习任务：根据环境的反馈，学习一个最优的策略。例如，游戏AI、机器人控制等。

➤ 生成任务：根据数据的分布，生成新的数据。例如，文本生成、图像生成等。

课堂练习

1. 让计算机"像人一样学习"的技术称为＿＿＿＿＿＿＿＿＿＿＿＿＿。

2. 机器学习的基本流程包括＿＿＿＿＿＿＿＿＿＿、＿＿＿＿＿＿＿＿＿＿、＿＿＿＿＿＿＿＿＿＿、＿＿＿＿＿＿＿＿＿＿。

3. 科技公司想要训练一个 AI 模型来识别不同品种的宠物狗，工程师收集了 1000 张宠物狗的照片。在这个场景中，每张宠物狗照片都是一个＿＿＿＿＿＿＿，这 1000 张宠物狗照片共同构成了机器学习的＿＿＿＿＿＿＿＿。

4. 用于机器学习的数据集通常被分为＿＿＿＿＿＿＿、＿＿＿＿＿＿＿两部分。

5. 机器学习的结果是构建一个＿＿＿＿＿＿＿，该模型可以根据输入的数据完成预测、分类、聚类等多种任务。

# 第 2 课　机器学习的方式

思考与探索

## 想一想

　　人类在实践中总结了各种行之有效的学习方式，好的学习方式会使学习事半功倍。机器学习同样讲究方式方法，机器学习有哪些不同的学习方式？

## 探一探

1. 现有下列 8 种商品，假设想让机器用"监督学习"的方式对这些商品进行分类，可以为商品设计什么标签？请先设计两个标签，再将商品按照标签分为两类。

　　商品列表：面包、铅笔、洗发水、牛奶、橡皮、牙膏、饼干、笔记本。

| 标签 1：(　　　　) | 标签 2：(　　　　) |
| --- | --- |
|  |  |

2. 请说一说监督学习和无监督学习最大的区别是什么。

3. 请根据所学知识，将下列生活场景与对应的学习方式用线连起来。

训练小狗"坐下"，每次做对就给骨头吃　　　　　　　　　　监督学习

展示"太阳""雨滴"图标，教幼儿区分晴天雨天　　　　　　　无监督学习

自己把彩色铅笔按"暖色""冷色"分成两堆　　　　　　　　　强化学习

## 📖 AI 知识库

　　机器学习的方式：大致可分为监督学习、无监督学习、强化学习三大类。这种分类方法与人类的学习方式类似。

➤ 监督学习：是指机器通过学习有"正确答案"（标签）的数据，学会从输入直接预测输出的过程。类似于"有教师指导的学习"，在学习时，数据中既有"问题"也有"答案"（标签），计算机通过这些带答案的例子学习规律。比如，用标好"猫""狗"的图片来训练模型，模型学会后，

看到新图片就能判断是猫还是狗，就像学生跟着教师做带答案的练习题，学会解题方法。

➤ 无监督学习：是指机器通过学习没有"正确答案"（标签）的数据，自己找出数据中的隐藏规律或分组结构。类似于"自己探索学习"。比如，给一堆用户的购物记录（没有标注"属于哪类人"），模型会自己发现"买牛奶的人常买面包""买球鞋的人常买运动服"等分组规律，把相似行为的用户归为一类，就像学生自己整理杂乱的笔记，找出知识之间的联系。

➤ 强化学习：是指机器通过与环境互动，不断尝试不同行为，用"奖励"或"惩罚"作为反馈，学习如何完成任务，做出最优决策。类似于"通过试错来学习"，计算机在一个环境中做得好会得到"奖励"，做得不好会被"惩罚"，通过不断尝试找到完成任务的方法。比如，机器人学走迷宫，走到正确路口会被奖励，走错会被扣分，最后它会学会最快走出迷宫的路线，就像学生玩游戏时通过不断尝试找到通关技巧。

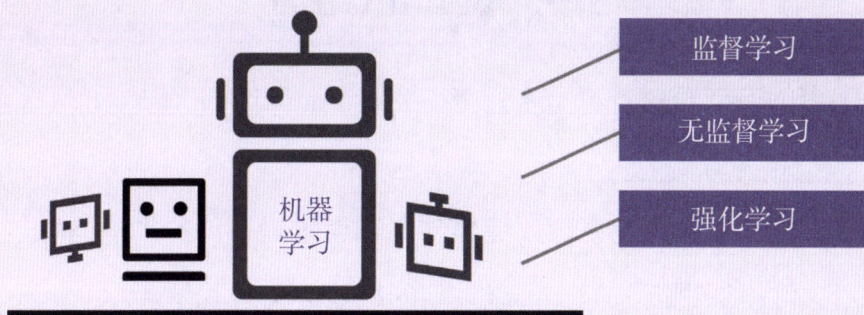

特征：是样本的关键信息，就像事物的"特点"。比如，在识别水果时，"颜色""形状""大小"就是特征 —— 苹果的特征可能是"红色""圆形""直径5厘米"，香蕉的特征可能是"黄色""弯形""直径3厘米"。计算机通过分析这些特征来区分不同事物，就像人们通过身高、发型等特征辨认不同人。

标签：是样本的"正确答案"或"类别名称"。比如，在手写数字识别中，每张图片对应的"数字5""数字8"就是标签。标签就像给数据"贴名字"，让计算机知道每个样本"是什么"，监督学习中必须有标签才能让模型学会正确判断。

| 样本 | 特征 | | 标签 |
|---|---|---|---|
| | 花瓣长度 / 厘米 | 花瓣宽度 / 厘米 | |
| 1 | 1.1 | 0.1 | 山鸢尾 |
| 2 | 1.7 | 0.5 | 山鸢尾 |
| 3 | 1.4 | 0.3 | 山鸢尾 |
| 4 | 5.0 | 1.7 | 变色鸢尾 |
| 5 | 4.0 | 1.0 | 变色鸢尾 |
| 6 | 4.5 | 1.5 | 变色鸢尾 |

## 课堂练习

1. 机器学习的方式有＿＿＿＿＿＿＿＿＿＿＿＿、＿＿＿＿＿＿＿＿＿＿＿＿、
＿＿＿＿＿＿＿＿＿＿＿＿。

2. 假设有一堆五颜六色的小球，但是并不知道这些小球的类别信息，要想让
机器对这堆小球进行分组，可以采用的机器学习方式是＿＿＿＿＿＿＿＿
＿＿＿＿＿＿＿＿＿＿＿＿。

3. 当训练一个模型识别图片中的猫和狗时，需要给每张图片标记是"猫"还是
"狗"，该模型的训练属于＿＿＿＿＿＿学习。

4. 机器人在迷宫中探索，每走一步会根据是否接近出口得到奖励或惩罚，通
过不断尝试找到走出迷宫的最佳路径，这属于＿＿＿＿＿＿学习。

5. 监督学习与无监督学习的主要区别在于训练数据是否包含明确的＿＿＿＿
＿＿＿。

# 第 3 课　神奇的决策树

## 💡 思考与探索

### 想一想

　　在生活中，有很多需要决策的时候，怎样才能很快做出合理的决策？机器是如何决策的？一起来探究吧！

### 探一探

1. 右侧是对"鹰、企鹅、海豚、熊"四种动物分类的决策树。其中哪些是叶节点、根节点、内部节点？请将左侧的节点名称与右侧对应的部分连起来。

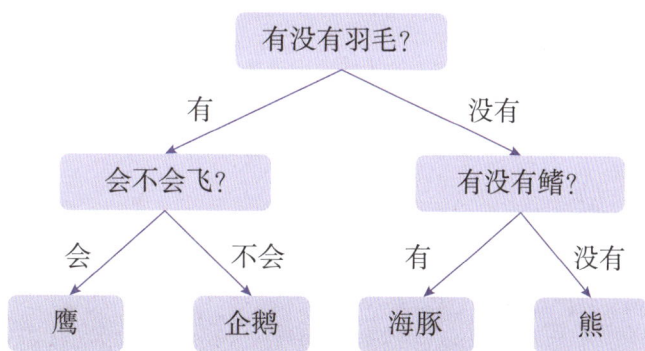

叶节点

根节点

内部节点

有没有羽毛？
有　　没有
会不会飞？　　有没有鳍？
会　　不会　　有　　没有
鹰　　企鹅　　海豚　　熊

2. 现有一批水果数据，包含苹果、橘子和香蕉三种类别，每个水果包含两个特征数据：重量（克）和表皮光滑度（用数值 1～5 分表示，1 表示非常粗糙，5 表示非常光滑），请根据如下数据构建决策树，实现对水果的分类。

| 编号 | 重量 / 克 | 表皮光滑度<br>(1～5) | 类别 |
|------|-----------|---------------------|------|
| 1 | 180 | 3 | 苹果 |
| 2 | 200 | 2 | 苹果 |
| 3 | 190 | 3 | 苹果 |
| 4 | 120 | 2 | 橘子 |
| 5 | 130 | 2 | 橘子 |
| 6 | 150 | 2 | 橘子 |
| 7 | 150 | 1 | 香蕉 |
| 8 | 130 | 1 | 香蕉 |
| 9 | 140 | 1 | 香蕉 |

3. 在生活中，很多决定都可以通过构建决策树来进行决策。假如明天是周末，
   你的小伙伴想邀请你去打羽毛球，哪些因素会影响你是否去打羽毛球呢？
   请大家根据自己的生活实际，绘制一棵简单的决策树。

## 📖 AI 知识库

　　决策树算法：是一种通过构建树状结构进行决策的监督学习算法。它通过
对数据特征进行逐步划分，构建树形模型，常用来完成分类或预测任务。就像
玩"20 个问题猜东西"的游戏。从"它是动物吗？"这样宽泛的问题出发，根
据回答追问"它生活在水里吗？""它有翅膀吗？"等，逐步缩小范围找到答案，
决策树算法也是通过层层提问、分支判断，按数据特征分类，最终得出决策
结果。

决策树的组成：

➤ 根节点：决策树的起始节点，包含所有训练数据，是整个决策过程的起点。通过对根节点数据的特征分析，选择最优划分特征开启第一次分支。

➤ 分支：从节点（根节点或内部节点）出发，根据特征值的不同取值划分出的路径，数据沿着符合条件的分支流向后续节点。

➤ 内部节点：在决策树中间用于数据划分的节点，每个内部节点代表一个特征判断。基于该节点的数据再次进行特征分析，选择最优特征进行划分，生成新的分支。

➤ 叶节点：决策树的终端节点，不再进行划分，每个叶节点代表一个最终的类别标签或预测值。

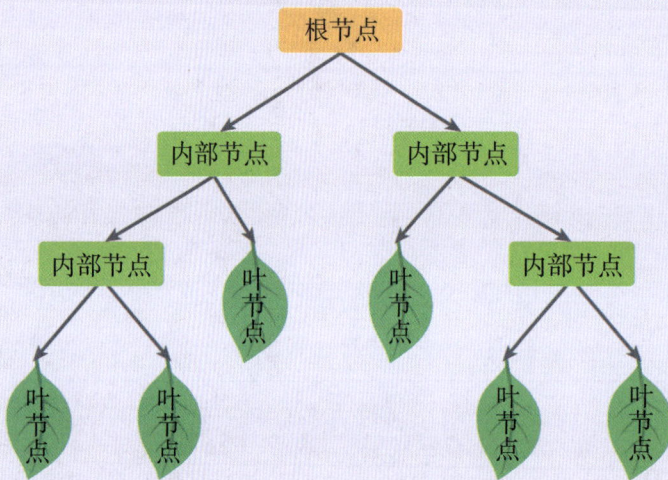

决策树的构建流程：

➤ 特征选择：通过计算每个特征对数据的"区分能力"，选择能最大程度将数据分成不同类别、让数据更"纯净"的特征，作为当前节点划分数据的依据。

➤ 创建节点：根据选定的特征，创建一个新的节点。根节点是决策树的起点，包含所有原始数据；内部节点是中间的划分点，用于进一步细分数据；叶节点是决策树的终点，代表最终的决策结果。

➤ 重复划分：对每个划分后的数据子集，再次执行特征选择和创建节点的步骤，不断重复这个过程，直到满足停止条件（如数据属于同一类别、没有可用特征、达到预设树深度）。

➤ 剪枝（可选）：为防止决策树过度复杂，删除部分分支，简化树结构，提升模型在新数据上的预测准确性。

数据纯度：在决策树中，数据纯度是衡量数据集中样本类别一致性的重要概念。简单来说，若数据集中的样本大多属于同一类别，则称该数据集纯度高；反之，若样本类别混杂，则纯度低。

## 课堂练习

1. 决策树构建的第一步是＿＿＿＿＿＿＿＿＿＿＿＿＿＿＿＿＿。

2. 在决策树中，最顶端的起始节点被称为＿＿＿＿＿＿＿＿＿＿＿＿＿＿＿。

3. 决策树是一种＿＿＿＿＿＿＿＿结构，由＿＿＿＿＿＿＿＿、＿＿＿＿＿＿＿＿、
   ＿＿＿＿＿＿＿＿、＿＿＿＿＿＿＿＿组成。

4. 用决策树进行分类时，每个内部节点代表一个＿＿＿＿＿＿＿＿＿＿＿＿＿＿，
   每个叶节点代表一个＿＿＿＿＿＿＿＿＿＿＿＿＿。

5. 决策树在进行特征划分时，通常会选择使划分后的数据纯度＿＿＿＿＿＿＿
   （填"提高"或"降低"）到最大的特征。

# 第 4 课  AI 是如何聚类的（上）

## 想一想

有了人为标注的标签，分类问题显然难不倒 AI，那么如果没有标签，AI 还能分类吗？AI 是如何对没有标签的数据进行聚类的？一起来探究吧！

## 探一探

1. 现有 10 位学生的身高数据（单位：厘米），如下表所示，请按照步骤提示，用 K 均值聚类算法把这组身高数据分为 3 组："一般""中等""高个"，即 K 值为 3。

| 同学编号 | 身高 |
|:---:|:---:|
| 1 | 134 |
| 2 | 147 |
| 3 | 142 |
| 4 | 138 |
| 5 | 156 |

| 同学编号 | 身高 |
|:---:|:---:|
| 6 | 152 |
| 7 | 148 |
| 8 | 162 |
| 9 | 160 |
| 10 | 158 |

第一步：随机选取 3 个组别的初始聚类中心，如下表所示。

| 聚类中心 1（一般） | 聚类中心 2（中等） | 聚类中心 3（高个） |
|:---:|:---:|:---:|
| 140 | 150 | 160 |

第二步：计算所有身高数据与各聚类中心的数据差（数据差越小，代表越相似），然后将其分进相应的组中，完成所有同学的初次分组。（数据差 1 代表各数据与聚类中心 1（一般）的数据差，其他同理。）

| 编号 | 特征 | 数据差 1 | 数据差 2 | 数据差 3 | 组别 |
|:---:|:---:|:---:|:---:|:---:|:---:|
| 1 | 134 | 6 | 16 | 26 | 一般 |
| 2 | 147 | | | | |
| 3 | 142 | | | | |
| 4 | 138 | | | | |
| 5 | 156 | | | | |
| 6 | 152 | | | | |
| 7 | 148 | | | | |
| 8 | 162 | | | | |

| 编号 | 特征 | 数据差 1 | 数据差 2 | 数据差 3 | 组别 |
|---|---|---|---|---|---|
| 9 | 160 | | | | |
| 10 | 158 | | | | |

第三步：计算各组数据的均值，作为该组新的聚类中心，填写在下表中。

| 新聚类中心 1（一般） | 新聚类中心 2（中等） | 新聚类中心 3（高个） |
|---|---|---|
| | | |

第四步：用新的聚类中心替代初始的聚类中心，重复第二、三步，直到分组不再变化，并将最终结果填写在下表中。

| 组别 | 最终聚类中心 | 编号 |
|---|---|---|
| 一般 | | |
| 中等 | | |
| 高个 | | |

2. 请用自己的语言或图示简述 K 均值聚类算法的基本流程。

## AI 知识库

K 均值聚类算法：是一种用于将数据集划分为 K 个不同组的无监督学习算法。它通过迭代更新聚类中心的方式来完成聚类。简单来说，就是基于数据之间的相似度，将数据分配到不同的组中，常用来对数据进行聚类。K 均值聚类就是把相似的东西分到同一组，即"物以类聚"，比如分糖果时，把草莓味、苹果味、巧克力味的糖果各放一堆（K=3）。

➤ K 值：是指将数据集划分为 K 个组别，被划分出的每个数据集合称为"簇"。K 值的选择在 K 均值聚类算法中非常关键，不同的 K 值可能会导致不同的聚类结果。

➤ 聚类中心：又叫质心，是指每个簇的代表点，代表簇的"平均特征"。简单来说，聚类中心就是每一组的"代表"，就像小队长，这个小队长代表这一组的特点。对于数值型数据，聚类中心通常是该簇内所有数据的均值。

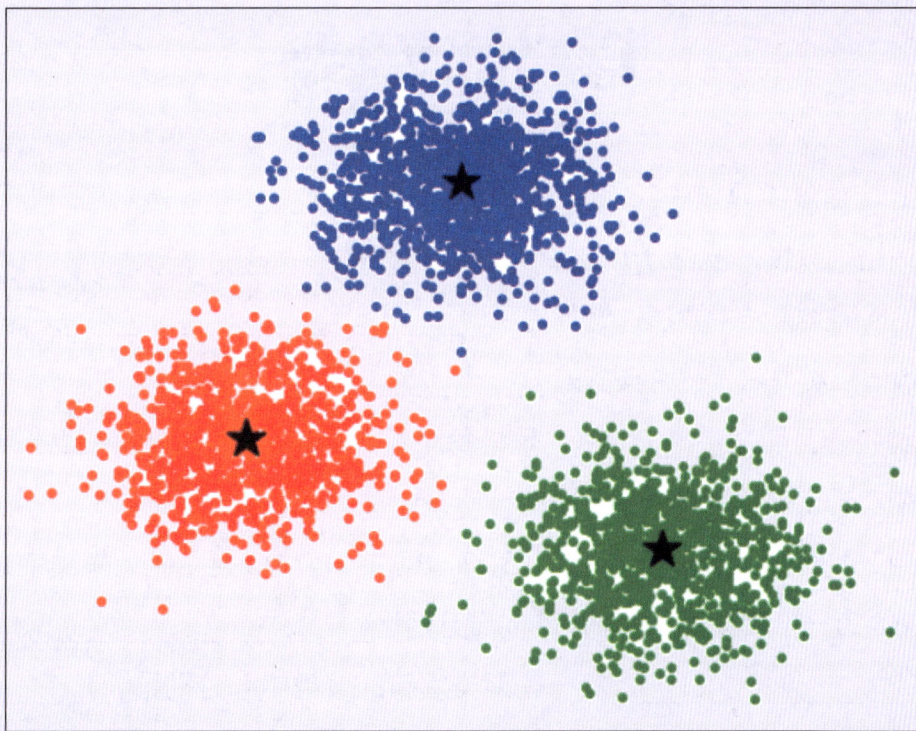

K 均值聚类算法的流程：

➢ 随机初始化 K 个聚类中心：随机选择 K 个数据作为初始的聚类中心。这些初始聚类中心的选择可能会影响最终的聚类结果，为了获得更稳定的聚类结果，有时会多次随机初始化并选择最优的聚类结果。

➢ 划分数据到各聚类中心：分析每个数据与 K 个聚类中心的相似度（对于单一特征的数值型数据来说，数据差越小，代表越相似），将每个数据分配到与其最相似的聚类中心所代表的簇中。

➢ 重新计算每个聚类中心：根据当前已划分好的簇，计算每个簇内数据的均值，将这个均值作为新的 K 个聚类中心。

➢ 重复上面两步：不断重复数据划分和聚类中心更新的过程，直到聚类中心或分组不再发生变化（或变化非常小，或满足设定的停止条件），此时聚类过程结束，得到最终的 K 个簇。

## 📝 课堂练习

1. 在 K 均值聚类算法中，需要预先指定的参数是＿＿＿＿＿＿，它代表要划分的组别数量，被划分出的每个数据集合称为＿＿＿＿＿＿。

2. K 均值聚类算法主要通过迭代更新＿＿＿＿＿＿＿＿＿来完成聚类。

3. K 均值聚类算法是一种典型的＿＿＿＿＿＿＿学习算法。

4. 聚类中心又叫＿＿＿＿＿＿，是指每个簇的代表点。对于数值型数据，聚类中心通常是该簇内所有数据的＿＿＿＿＿＿。

5. 使用 K 均值聚类算法将"1，3，5，7，8，12"分为 2 组，初始聚类中心为 3 和 8，第一轮聚类后，两个簇的成员分别是＿＿＿＿＿＿＿＿＿＿＿、＿＿＿＿＿＿＿＿＿＿＿，第一轮聚类后新的聚类中心分别是＿＿＿＿＿＿、＿＿＿＿＿＿。

# 第 5 课　AI 是如何聚类的（下）

 思考与探索

## 想一想

　　上节课学习了对只有一个特征的数据进行聚类，那如果数据有两个特征，该如何进行聚类？一起来探究吧！

## 探一探

1. 美术课上，教师收集了 12 幅同学的绘画作品。每幅作品都有两个重要特征：一是色彩明亮程度（用 1 ～ 10 分来表示，分数越高越明亮），二是图形复杂程度（同样用 1 ～ 10 分来表示，分数越高图形越复杂），作品数据如下表所示。请按照步骤提示，用 K 均值聚类算法把这些作品分成三组（A、B、C），然后分析一下各组作品的绘画风格有什么不同。

| 作品编号 | 色彩明亮度（1 ～ 10） | 图形复杂度（1 ～ 10） |
| --- | --- | --- |
| 1 | 2 | 1 |
| 2 | 8 | 9 |
| 3 | 1 | 1 |
| 4 | 8 | 7 |
| 5 | 4 | 4 |

| 作品编号 | 色彩明亮度（1～10） | 图形复杂度（1～10） |
|---|---|---|
| 6 | 5 | 6 |
| 7 | 5 | 3 |
| 8 | 4 | 5 |
| 9 | 7 | 8 |
| 10 | 2 | 2 |
| 11 | 9 | 8 |
| 12 | 1 | 2 |

第一步：随机选取 A、B、C 三组的初始聚类中心，如下表所示，请将其用三种颜色标记在直角坐标系中。

| 聚类中心 1（A） | 聚类中心 2（B） | 聚类中心 3（C） |
|---|---|---|
| (2,2) | (5,5) | (8,8) |

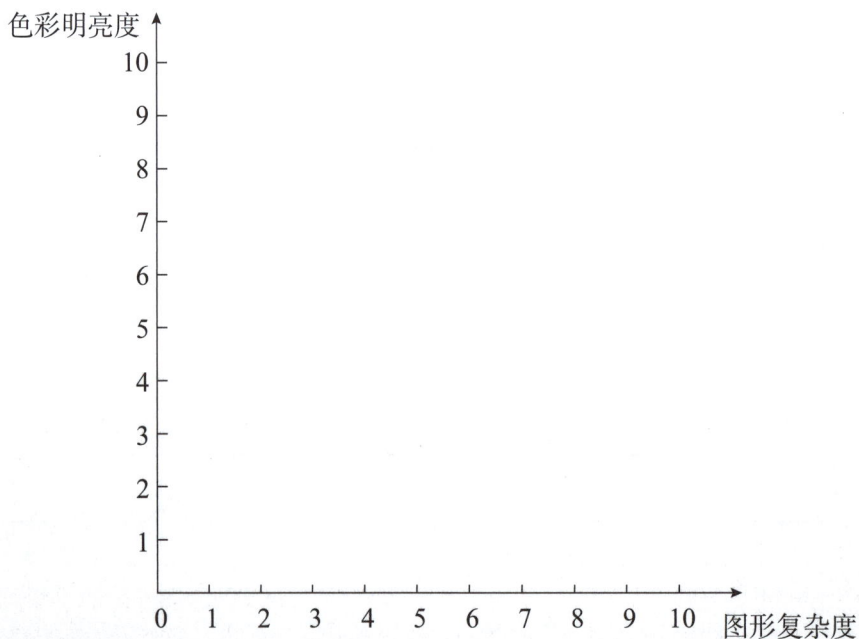

第二步：对于每一幅绘画作品，先计算它与三个聚类中心的"距离"（曼哈顿距离），然后将其分进相应的组中，最后用相应的组别颜色标记在直角坐标系中，完成所有作品的初次分组。（距离 1 代表各数据与聚类中心 1 （A）的距离，其他同理）

"距离"计算示例（曼哈顿距离）：作品 1 号（2，1）点到聚类中心 1 （2，2）点的距离 1 是 $|2-2|+|1-2|=1$；同理可求得到聚类中心 2 （5，5）点的距离 2 是 7；到聚类中心 3 （8，8）点的距离 3 是 13。其中距离聚类中心 1 （2，2）点的距离 1 最小，所以将作品 1 号划分到聚类中心 1 所代表的 A 组。

| 编号 | 特征 | 距离 1 | 距离 2 | 距离 3 | 组别 |
|---|---|---|---|---|---|
| 1 | （2，1） | 1 | 7 | 13 | A |
| 2 | （8，9） | | | | |
| 3 | （1，1） | | | | |
| 4 | （8，7） | | | | |
| 5 | （4，4） | | | | |
| 6 | （5，6） | | | | |
| 7 | （5，3） | | | | |
| 8 | （4，5） | | | | |
| 9 | （7，8） | | | | |
| 10 | （2，2） | | | | |
| 11 | （9，8） | | | | |
| 12 | （1，2） | | | | |

第三步：计算各组数据均值，作为该组新的聚类中心，填写在下表中。

各组均值计算示例：例如 A 组作品有 1 号、3 号、10 号、12 号，色彩明亮度平均值为 $(2+1+2+1)÷4 = 1.5$；图形复杂度平均值为 $(1+1+2+2)÷4 = 1.5$，所以 A 组新的聚类中心为（1.5，1.5）。

| 新聚类中心 1（A） | 新聚类中心 2（B） | 新聚类中心 3（C） |
|---|---|---|
| （1.5，1.5） | | |

第四步：用新的聚类中心替代初始的聚类中心，重复第二、三步，直到分组不再变化，并将最终结果填写在下表中。

| 组别 | 最终聚类中心 | 编号 |
|---|---|---|
| A | （1.5，1.5） | |
| B | | |
| C | | |

2. 在第 1 题的基础上，完成本题。假设：现在美术老师新收集了 3 幅同学的绘画作品，作品数据如下表所示。请根据刚才的聚类结果，将这 3 幅作品划分到对应的组中，并用自己的语言说一说你是如何划分的。

| 编号 | 色彩明亮度 | 图形复杂度 | 组别 |
|---|---|---|---|
| 1 | 2 | 1 | |
| 2 | 7 | 6 | |
| 3 | 3 | 5 | |

## AI 知识库

平面直角坐标系：又称为笛卡儿坐标系，是由两条互相垂直且有公共原点的数轴构成的平面坐标系。其中：水平方向的数轴称为 $x$ 轴（横轴），向右为正方向；垂直方向的数轴称为 $y$ 轴（纵轴），向上为正方向；两轴的公共原点 $O$ 称为坐标原点，两轴所确定的平面称为坐标平面。对于平面内任意一点的坐标可以使用 $(x, y)$ 来表示，$x$ 表示点在 $x$ 轴上对应的位置，$y$ 表示点在 $y$ 轴上对应的位置。例如，图中 $P$ 点的坐标为 $(3, 2)$，原点 $O$ 的坐标为 $(0, 0)$。

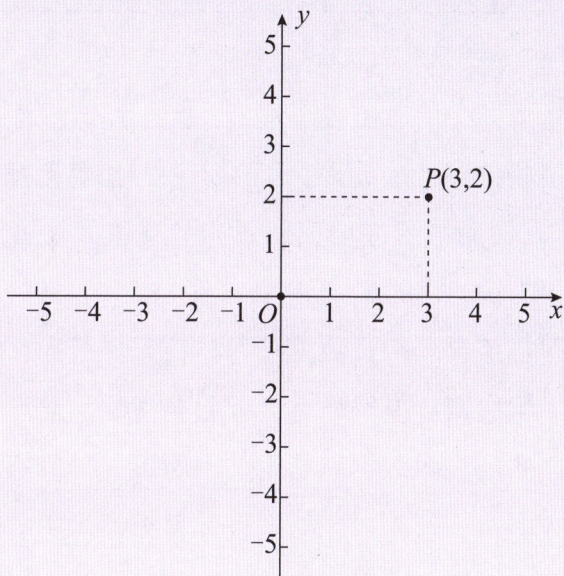

相似度的度量：聚类任务中常用距离来衡量数据间的相似度，距离越小，相似度越高，以下是两种经典的距离度量方式。

➢ 曼哈顿距离：是指两点在空间中沿水平或垂直方向（不能斜穿）的最短路径长度，也叫"城市街区距离"。类似城市街区中从一点到另一点的最短行走路径，其核心特征是：只能沿水平或垂直方向移动（如街区的横纵道路），不能斜穿。

➢ 欧几里得距离：是指两点在空间中的直线距离，是最常用的距离度量，代表两点间的最短距离，不考虑任何障碍物（与曼哈顿距离的"街区限制"形成对比），例如，平面上从 $A$ 点到 $B$ 点的直线段即为欧几里得距离的直观体现。

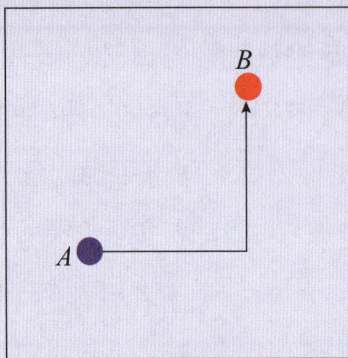

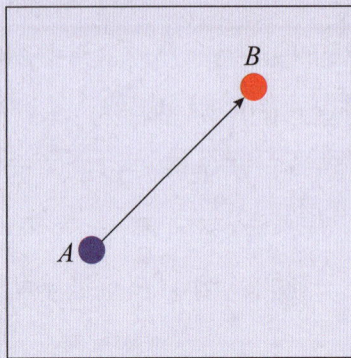

曼哈顿距离　　　　　　　　　欧几里得距离

**信息茧房**：是指个体在信息接收过程中，因长期选择性接触符合自身偏好的内容，而逐渐形成的信息接收闭环。简单来说，信息茧房就是"只看自己喜欢的，不看其他的"，最后被困在自己熟悉的信息里，像蚕宝宝被自己吐的丝裹住一样，看不到更广阔的世界。

**大数据杀熟**：是指平台利用大数据技术分析用户行为、消费习惯、价格敏感度等数据，对不同用户实施差异化定价或服务策略，通常表现为对高频、高消费能力或依赖度高的用户收取更高费用，本质是一种价格歧视行为。就像不良商店老板的"看人喊价"行为，比如发现你每天都来买同一款冰淇淋，知道你特别喜欢且离不开它，于是悄悄把卖给你的价格从 5 元涨到 8 元；而对第一次来的顾客，仍卖 5 元。你作为"老顾客"反而多花钱，这就是"杀熟"。

## 课堂练习

1. ＿＿＿＿＿＿＿＿＿＿＿＿又称为笛卡儿坐标系，是由两条互相垂直且有
   公共原点的数轴构成的平面坐标系。

2. 聚类任务中常用＿＿＿＿＿＿＿＿来衡量数据间的相似度，距离越＿＿＿＿＿＿＿＿，
   相似度越＿＿＿＿＿＿＿。

3. ＿＿＿＿＿＿＿＿＿距离类似城市街区行走的最短路径，＿＿＿＿＿＿＿＿距
   离是两点在空间中的直线距离。

4. 某用户因频繁观看宠物视频，首页被同类内容垄断，这种信息接收闭环称
   为＿＿＿＿＿＿＿＿＿＿＿＿。

5. 某电商平台用＿＿＿＿＿＿＿算法将用户分为"高频购物族"和"低频刚需
   族"，对前者推送更高价格的商品，这属于＿＿＿＿＿＿＿＿＿＿＿＿。

# 决策树的剪枝：让 AI 判断更精准的秘诀

在人工智能的世界里，决策树是一种神奇的工具，它就像一位"推理大师"，通过层层提问和判断，帮助我们解决各种问题。但就像花园里的树木如果不修剪，会长得杂乱无章一样，决策树也需要定期"剪枝"，才能在面对新问题时保持聪明和准确。

我们都知道，用来训练决策树的数据是有限的，用这些有限的数据"喂养"决策树，它生成的判断逻辑可能和真实世界不太一样。比如，学校足球队要挑选队员，教练用过去入选队员的数据训练决策树：这些队员的身高都超过 165 厘米，体能测试都达标，而且都穿着红色球鞋。于是决策树错误地认为"所有能入选的队员都要穿红色球鞋"。当一个身高 170 厘米、体能优秀，但穿蓝色球鞋的同学来报名时，决策树就会错误地把他排除在外，这就是"泛化能力"不足的表现。所谓泛化能力，就像我们学习数学公式，不仅要会做课本上的例题，还要能用公式解决生活中各种变形的数学问题。

决策树出现这个问题，是因为它在学习过程中太"贪心"了。为了把训练数据里的每个样本都准确分类，它会不停地拆分节点，就像把一棵小树苗分出无数根细枝，最后整棵树变得错综复杂。为了解决这个问题，科学家们想出了两种"剪枝"策略，让决策树回归简洁和高效。

预剪枝，提前规划，防患于未然。预剪枝就像盖房子前先画好设计图，在建造决策树的过程中，每准备划分一个节点，就先评估一下"这次划分能让决策树变得更聪明吗？"如果答案是否定的，就直接停止划分，把这个节点标记为叶子节点，不再继续生长。比如，我们用决策树来判断水果甜不甜。一开始，我们想根据"水果的颜色""大小""表皮纹路"来做判断。当划分到"表皮纹路"

这个节点时，发现根据训练数据，纹路深的水果都很甜，但用新数据测试，却发现很多纹路浅的水果也很甜。这说明这次划分没有提升决策树判断新水果的能力，于是我们果断停止划分，保留其他更有用的判断条件。我们还可以通过设定规则来预剪枝，比如规定决策树最多只能问 3 个问题，或者每个节点至少要有 10 个样本才能继续划分，以此来控制树的复杂程度。

后剪枝，全局优化，精益求精。后剪枝则像给建好的房子做装修，先让决策树自由生长，长成一棵枝繁叶茂的"大树"，然后从树的底部（非叶子节点）开始，自下而上挨个检查"把这个分支换成叶子节点，会让决策树更厉害吗？"如果答案是肯定的，就果断"咔嚓"剪掉这个分支。还是以判断水果甜不甜为例，决策树长大后，有个分支是"红色水果→圆形→表皮光滑→甜"。但在实际测试新水果时，发现很多表皮不光滑的红色圆形水果也很甜，这个分支反而限制了正确判断。这时，我们就把"表皮光滑"这个分支剪掉，直接判断"红色圆形水果通常是甜的"。后剪枝能更全面地优化决策树，因为它是在完整树的基础上进行调整的。但由于需要先构建整棵树再修剪，所以会比预剪枝花费更多的时间和计算资源。

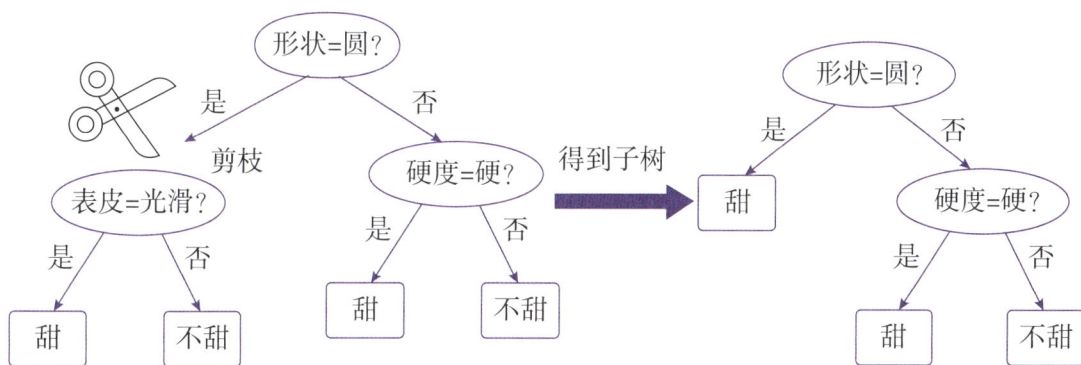

无论是预剪枝还是后剪枝，它们的目标都是一致的：让决策树在面对新数据时，能像经验丰富的"小专家"一样，快速、准确地做出判断。

# K 近邻分类算法

在机器学习的基础算法中，K 近邻（K-Nearest Neighbors, KNN）分类算法是一种简单且有效的方法，它属于监督学习的范畴，需要依赖带有明确标签（如"类别 A""类别 B"）的历史数据来对新数据进行分类判断。

然而，KNN 算法是监督学习中的"懒惰学习者"，它不像其他监督学习算法一样会提前总结出复杂的规律，而是在遇到问题时直接"查字典"——遇到新数据时，通过查看历史数据中与它最近的 K 个"邻居"属于什么类别，让邻居们投票决定新数据的类别。

接下来，通过经典的鸢尾花分类问题，一起了解一下这个依靠"邻居意见"做决定的算法。

## 一、数据准备：鸢尾花数据集

使用 KNN 算法分类，首先需要为计算机提供一组包含特征和标签的训练数据。鸢尾花数据集是机器学习领域常用的经典数据集，包含 150 个样本，共有 3 种不同品种的鸢尾花数据，包括 4 项特征：花瓣长度、花瓣宽度、萼片长度、萼片宽度，以及它们的品种标签：山鸢尾、杂色鸢尾、维吉尼亚鸢尾。为了简单，这里选取其中花瓣长度和花瓣宽度这两个关键特征，用于区分鸢尾花的品种。以下是 6 个数据示例。

| 序号 | 花瓣长度 / 厘米 | 花瓣宽度 / 厘米 | 鸢尾花品种 |
| --- | --- | --- | --- |
| 1 | 1.4 | 0.2 | 山鸢尾 |
| 2 | 1.3 | 0.2 | 山鸢尾 |
| 3 | 5.1 | 1.9 | 维吉尼亚鸢尾 |
| 4 | 5.0 | 1.6 | 维吉尼亚鸢尾 |

| 序号 | 花瓣长度 / 厘米 | 花瓣宽度 / 厘米 | 鸢尾花品种 |
|------|------|------|------|
| 5 | 2.7 | 0.4 | 杂色鸢尾 |
| 6 | 2.8 | 0.4 | 杂色鸢尾 |

现在，采集到一朵新的鸢尾花，它的花瓣长度为 4.8 厘米，花瓣宽度为 1.8 厘米，接下来就可以用 KNN 算法来判断它属于哪个品种了。

## 二、KNN 算法的分类流程

### 1. 距离计算

KNN 算法通过计算新数据点与已有数据点之间的距离，来衡量它们的相似程度。通常使用欧几里得距离公式来计算新数据点与已知数据点之间的距离。对于两个二维数据点 $(x_1, y_1)$ 和 $(x_2, y_2)$，欧几里得距离 $d = \sqrt{(x_1 - x_2)^2 + (y_1 - y_2)^2}$。分别计算新鸢尾花（4.8，1.8）与表格中 6 个数据点的距离。

与数据点 1（1.4，0.2）的距离：$d_1 \approx 3.76$；

与数据点 2（1.3，0.2）的距离：$d_2 \approx 3.85$；

与数据点 3（5.1，1.9）的距离：$d_3 \approx 0.32$；

与数据点 4（5.0，1.6）的距离：$d_4 \approx 0.28$；

与数据点 5（2.7，0.4）的距离：$d_5 \approx 2.52$；

与数据点 6（2.8，0.4）的距离：$d_6 \approx 2.44$。

### 2. K 值选取

接下来，需要确定 K 值，即选择几个最近的邻居来参考。假设选择 K = 3，即选取距离新鸢尾花最近的 3 个邻居。通过上面的距离计算，可以得到距离最近的 3 个数据点分别是数据点 3、数据点 4、数据点 6。

3. 投票决策

对于分类问题，KNN 算法通过多数投票来决定新数据点的类别。选取的 3 个邻居数据点中，数据点 3 和数据点 4 对应的鸢尾花品种是维吉尼亚鸢尾，数据点 6 对应的是杂色鸢尾，维吉尼亚鸢尾获得 2 票，杂色鸢尾获得 1 票。根据多数投票原则，KNN 算法判断这朵新的鸢尾花属于维吉尼亚鸢尾品种。

通过以上步骤，KNN 算法就完成了对新的鸢尾花的类别预测。在实际应用中，K 值的选择、数据特征的处理以及距离度量方式的选取，都会影响算法的预测效果。

## ·项目评价·

请根据如下思维导图，回顾和总结本项目所学知识。

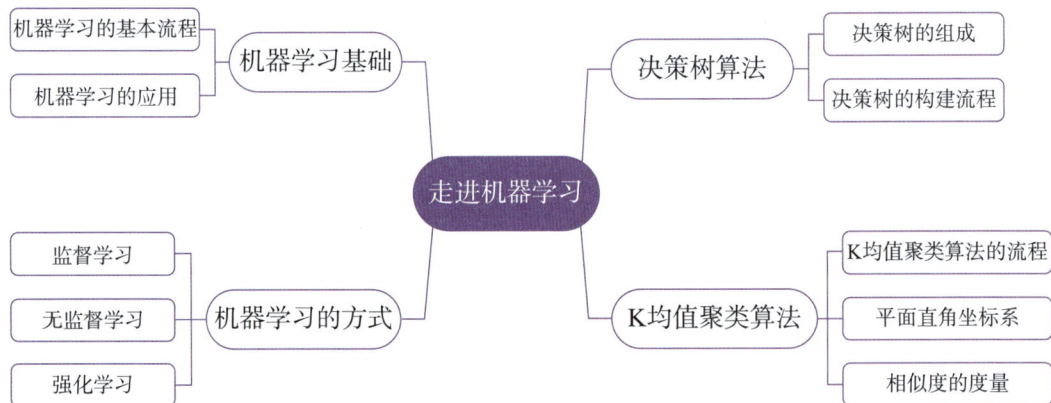

本项目完成后，请你根据如下评价表，对本项目的学习过程进行评价。

| 序号 | 评价内容 | 达成情况 | | |
| --- | --- | --- | --- | --- |
| | | 达成 | 部分达成 | 尚需努力 |
| 1 | 清楚机器学习的概念及其与人工智能的关系，了解机器学习可以完成分类、聚类等任务类型 | | | |
| 2 | 熟悉数据集的划分，能够说出机器学习的基本流程 | | | |
| 3 | 能够说出监督学习、无监督学习、强化学习的含义及特点，知晓其典型的应用场景 | | | |
| 4 | 明确监督学习与无监督学习的本质差异，知道监督学习需要"特征 + 标签"的标注数据，而无监督学习仅基于"特征"进行相似度分析 | | | |
| 5 | 了解决策树算法通过层级化特征判断进行决策的原理，清楚其树形结构的组成 | | | |
| 6 | 理解决策树的构建步骤，能够针对具体问题（如周末是否出行）设计相应的树形决策逻辑 | | | |
| 7 | 理解聚类的本质是将数据划分为若干相似簇，掌握 K 均值聚类算法的核心原理 | | | |
| 8 | 能够说出经典的 K 均值聚类算法的基本流程，解释算法中的关键环节，如距离如何度量、聚类中心如何更新等 | | | |
| 9 | 能够应用 K 均值聚类算法对简单的一维、二维特征数据进行聚类 | | | |

项目四

人工智能与未来社会

未来，人工智能不仅将重塑医疗、教育、交通等传统行业的运行逻辑，更将推动人类认知与改造世界范式的变革。讨论人工智能的未来，既要聚焦算力提升、算法创新、多模态交互等技术演进方向，也要深入探讨人机协同引发的劳动力结构变迁、算法透明度带来的伦理挑战、数据隐私保护催生的法律重构等社会议题。只有在技术突破与社会适应的动态平衡中寻找答案，才能让人工智能真正成为驱动人类文明跃迁的良性力量。

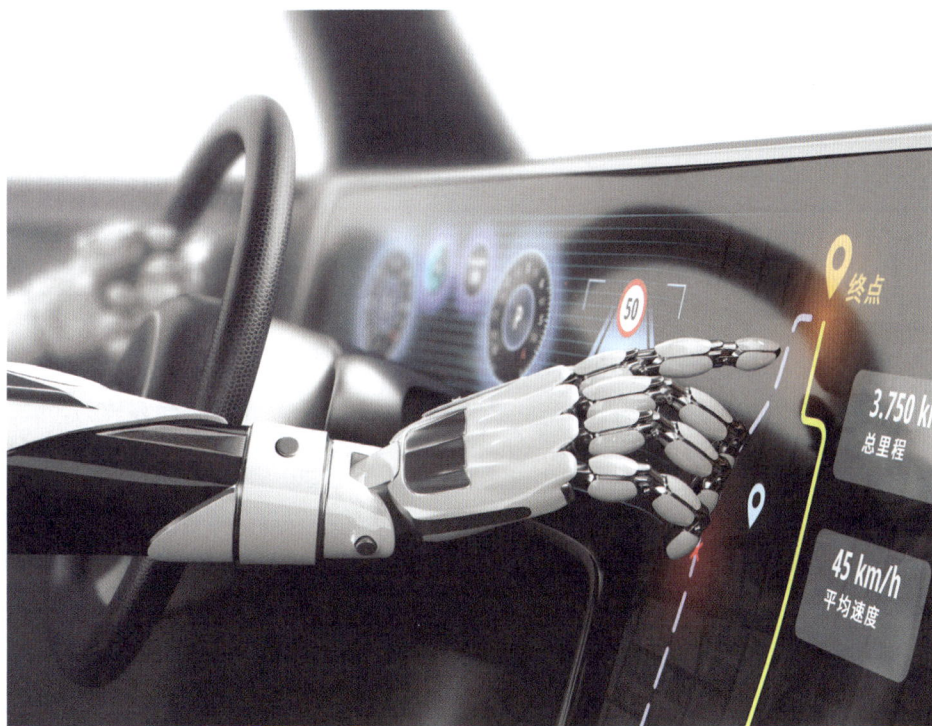

## 项目目标

1. 理解通用人工智能的定义，区分其与专用人工智能的本质差异，理解其在多任务处理、自主决策及社会协作等方面的核心特征。

2. 通过具身智能的物理交互机制，畅想未来人机共融社会中服务机器人在多种场景中的智能化升级方向。

3. 理解多模态融合的技术路径，阐明视觉、语音、文本与传感器数据的融合策略，了解其未来的发展方向。

4. 知道类脑计算的神经模拟原理，对比传统计算架构与类脑芯片的差异，了解"天机芯"等典型芯片的技术优势与应用方向。

5. 知道随着人工智能算法升级，需适配对应类型的计算资源，能分析人工智能未来发展在资源与能耗方面的困境。

6. 了解人工智能未来发展的伦理困境，能准确区分责任归属模糊场景与道德决策困境。

7. 了解人工智能数据偏差与算法偏见的成因，初步构思解决方案。

8. 理解人机协作的本质是"增强智能"而非"替代智能"，在技术应用中坚守人类主体地位，构建人机优势互补的协同进化观。

## 项目过程

　　本项目设计了 2 次课，共 2 个学习活动。同学们将在教师和人工智能机器人的引导下，通过观察、讨论、小组合作等方式完成项目活动，达成学习目标。

　　活动一：通过前沿领域的生动案例，了解未来人工智能的发展方向：能自主决策的"全能型 AI"；探秘机器人通过感知环境完成精准操作的具身智能机制，揭开自动驾驶汽车识别三维空间动态关系的空间智能原理，认识通过多传感器融合构建环境模型的多模态技术，以及模拟人脑神经元低耗高效运行的类脑芯片；激发对未来智能世界的探索热情，培养科学思维与创新视野。

　　活动二：聚焦人工智能发展的多维度议题，涵盖计算资源协同、伦理困境、数据偏见、隐私保护等核心内容；通过解析硬件架构兼容性难题，探究能效优化方法；剖析责任归属、道德决策等伦理挑战，揭示数据与算法偏见成因；探讨人机协作的技术实现与伦理框架，理解 AI 技术发展所面对的挑战，探讨未来 AI 人机协作的发展方向。

# 第 1 课　畅享未来的人工智能

## 思考与探索

### 想一想

　　当前人工智能已经取得了重大进展，那么未来将如何发展？有哪些新技术值得我们关注？

### 探一探

1. 下列哪项任务能达到通用人工智能评估标准，请在符合标准的任务后画 "√"。

　　(1) 根据食谱，完成番茄炒蛋的制作。　　　　　　　　　　　　（　　）

　　(2) 实时翻译多种语言的学术讲座，并进行内容深度解析。　　　（　　）

　　(3) 根据用户需求，独立设计并搭建完整的电子商务网站。　　　（　　）

　　(4) 背诵圆周率小数点后一万位。　　　　　　　　　　　　　　（　　）

　　(5) 结合患者病史、检查数据，独立制定个性化治疗方案。　　　（　　）

2. 请在下方的空白框内填写多模态融合的多种数据形式，并针对某一领域，畅想未来发展效果。

多模态
融合
数据形式

01

02

05

03

04

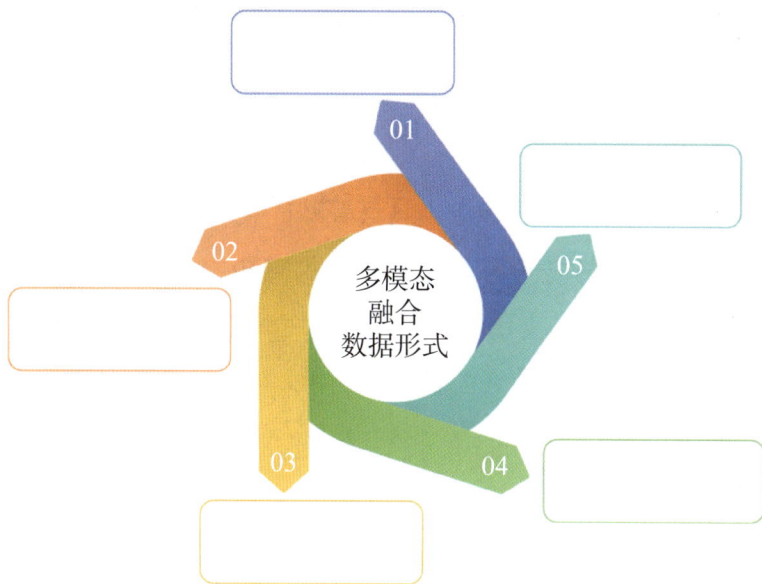

3. 假如你是一名科学家，要用类脑计算做一个"超级省电小 AI"，你会让它帮你做什么？请简述自己的想法。

## AI 知识库

通用人工智能：指能够在多种任务（如语言理解、逻辑推理、问题解决等）中达到或超越人类水平的人工智能。具有高效的学习和泛化能力，能够根据所处的复杂动态环境自主完成任务。具备自主的感知、认知、决策、学习、执行和社会协作等能力，且符合人类情感、伦理与道德观念。

具身智能：是指一种基于物理实体进行感知和行动的智能系统，其通过智能体与环境的交互获取信息、理解问题、做出决策并实现行动，从而产生智能行为和适应性。

空间智能：指 AI 在三维空间中感知、推理和行动的能力。其核心在于赋予机器理解物理世界的深度、距离、方位及动态关系的能力，从而使机器在复杂环境中做出自主决策。例如，自动驾驶汽车需实时解析道路结构，机器人需在工厂中精准抓取物体，AR（增强现实）设备需将虚拟对象无缝融入真实空间。

多模态融合：整合空间智能与视觉、语音、文本、传感器数据等多种模态信息，提升 AI 对环境的理解精度和决策能力。例如，汽车的自动驾驶系统通过多传感器融合构建车辆周围的三维空间。

类脑计算：模拟人脑的神经结构和工作机制（如神经元、突触连接），突破传统冯·诺依曼架构的计算模式，实现低能耗、高并行的智能计算。例如，IBM 开发的类脑芯片 TrueNorth 和清华大学的"天机芯"类脑芯片。

## 课堂练习

1. 通用人工智能是指能够在＿＿＿＿＿、＿＿＿＿＿、＿＿＿＿＿等多种任务中达到或超越人类水平的人工智能。

2. 汽车的自动驾驶系统通过＿＿＿＿＿＿＿＿＿＿＿＿＿＿＿＿构建车辆周围的三维空间，这是多模态融合的典型应用。

3. 具身智能系统通过与环境交互获取信息，经过分析做出＿＿＿＿＿，最终实现相应行动。

4. ＿＿＿＿＿＿＿＿＿＿＿赋予机器理解三维空间关系的能力。

5. 清华大学的"＿＿＿＿＿＿＿＿＿＿"类脑芯片，是类脑计算领域的重要成果。

# 第 2 课　人工智能带来的挑战

## 思考与探索

### 想一想

　　人工智能的飞速发展为生活带来便利的同时，在伦理、安全和发展方面面临着什么样的问题呢？

### 探一探

1. 请将不同的人工智能应用场景与可能面临的主要伦理问题进行匹配，并说明理由。

| | |
|---|---|
| 在设计时融入开发者个人偏好，导致决策不公 | 隐私侵犯 |
| 医疗诊断系统出错，患者不知该起诉医院还是技术团队 | 数据偏差 |
| 社交平台根据用户数据推测其宗教信仰并推送相关内容 | 算法偏见 |
| 自动驾驶在紧急情况时，难以抉择保护车内乘客还是行人 | 责任归属 |
| 训练的数据集中，某职业人群样本量过少，影响预测准确性 | 道德决策 |

2. 请结合实际情况，讨论人工智能在数据收集与滥用方面对个人隐私造成的威胁，并提出相应的防范建议，完成以下表格。

| 隐私威胁 | 防范建议 |
| --- | --- |
|  |  |
|  |  |
|  |  |
|  |  |
|  |  |

3. 请根据"人工智能的发展是否会让人类在劳动中被完全取代"这一辩题，选择一方观点进行辩论准备，至少列出三条论据，填写在下表中。

| 辩方 | 论据 |
| --- | --- |
|  |  |
|  |  |
|  |  |
|  |  |
|  |  |

## AI 知识库

　　计算资源与能耗：不同的人工智能任务和算法可能需要不同类型的计算资源，目前存在多种硬件架构和计算平台，如何实现这些硬件资源之间的高效协同工作和兼容性，开发出具有通用性的硬件架构，以适应各种人工智能应用场景，是一个挑战。人工智能系统的能源利用效率仍然较低，如何进一步提高能源利用效率，降低冷却等辅助系统的能耗，也是未来亟须解决的问题。

人工智能与伦理：

➢ 责任归属模糊：当人工智能系统做出决策或采取行动导致某种结果时，很难明确界定责任在于开发者、使用者、系统设计者还是其他相关方。

➢ 道德决策困境：人工智能在面对复杂的道德情境时，可能难以做出符合人类伦理道德标准的决策。

人工智能与偏见：

➢ 数据偏差：人工智能系统的训练数据往往来自现实世界，如果训练数据中存在对某些群体的过度代表或不足代表，或者数据本身存在偏差，那么人工智能系统就可能在其决策和预测中表现出来。

➢ 算法偏见：开发者在设计人工智能算法时，可能会不自觉地将自己的偏见或价值观融入其中。此外，一些算法的设计本身可能就存在缺陷，导致其更容易产生偏见。

人工智能与隐私：

➤ 数据收集与滥用：人工智能系统通常需要大量的数据来进行训练和学习，这就涉及对个人信息的收集。一些企业或机构可能会过度收集个人数据，甚至在用户不知情或未同意的情况下将数据用于其他目的，导致用户隐私泄露。

➤ 数据安全风险：人工智能系统所依赖的数据存储和传输过程中存在被黑客攻击、窃取或篡改的风险。一旦数据安全出现问题，不仅会导致个人隐私泄露，还可能影响到整个系统的正常运行，给用户和社会带来严重损失。

➤ 算法对隐私的威胁：某些人工智能算法可能会通过分析大量数据来推断个人的敏感信息，如政治倾向、宗教信仰、健康状况等。即使数据本身并没有直接包含这些敏感信息，但通过算法的分析和关联，也可能会侵犯个人的隐私。

人机协作：未来的人工智能将不仅仅是工具，而且是与人类协作的伙伴。人机协作将成为一种常态，AI 将帮助人类解决复杂问题，提升决策能力。

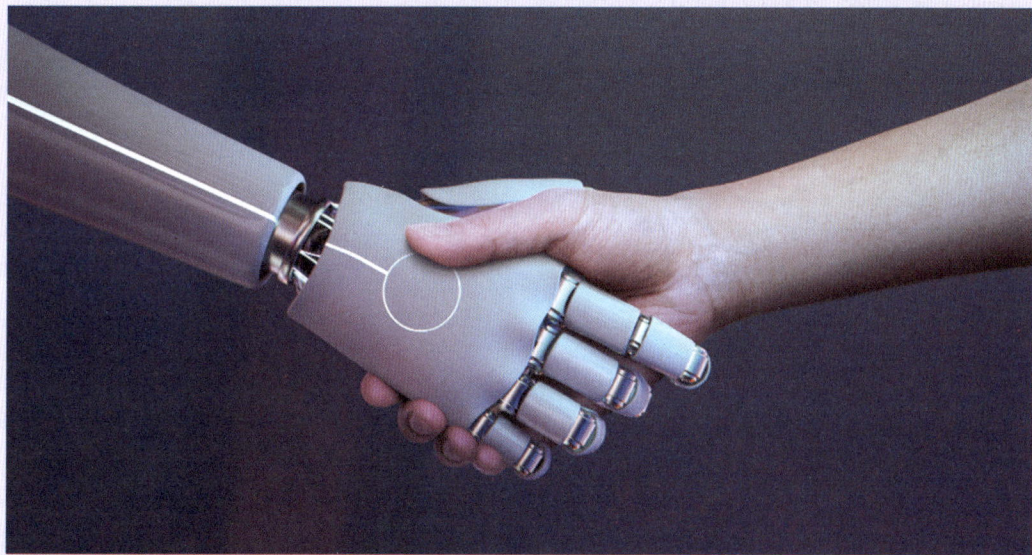

课堂练习

1. 不同的人工智能任务和算法需要不同类型的_____。

2. 开发者在设计人工智能算法时，不自觉地将自身偏见或价值观融入其中，可能会产生_____。

3. 汽车在自动驾驶时发生事故，很难界定_____归属。

4. 某些人工智能算法可能会通过分析大量数据来推断个人的_____，侵犯个人的隐私。

5. 在未来，人工智能将从单纯的工具转变为人类的_____。

## 科技浪潮中的机遇与挑战

在科技飞速迭代的当下，人工智能已成为重塑世界的核心力量，正全方位改写人类生活方式，重构产业竞争格局，为经济社会发展注入强劲动力。展望未来，人工智能发展将呈现诸多关键趋势。

大模型发展进入新阶段，从 2025 年起，其重点从模型架构创新、训练算法优化转向赋能产业。模型向推理时代迈进，借助强化学习等技术，获得"慢思考"能力，实现"快思考"与"慢思考"协同的混合架构将成主流，以提升复杂任务处理能力。同时，算力需求结构改变，推理阶段算力需求占比攀升。模型发展路径从"大而全"走向"专而精"，小型化趋势明显。知识质量与密度取代数据数量成为模型能力关键变量，模型成本急剧下降，多模态能力成为必备要素，开源模式加速技术创新与共享。

智能体作为大模型落地核心载体，将重塑产业应用格局。通用智能体局限性渐显，未来聚焦专业智能体，其市场潜力巨大，不仅能替代软件工具，还能部分取代人力劳动，推动软件开发转型。智能体需整合多模态大模型协作能力，借助联网搜索与专业知识库，提供个性化、专业化服务。技术标准与架构层面不断完善，从单智能体向多智能体协同发展，深度参与企业业务流程，转变为数字员工与人类的合作伙伴。

生成式视频领域，OpenAI 的 Sora 模型已展示出概念，未来人们有望通过简单情节描述生成完整视频，虽短期内难以对影视产业造成颠覆性影响，但预示着人工智能能力的新突破。下一代语音助手将更智能，如 OpenAI 为 ChatGPT 展示的新语音模式、谷歌将 Gemini 聊天机器人整合到移动设备，使语音交互更自然、更有意义，融入更多设备，提升语音沟通体验。

量子人工智能方面，量子计算虽处于起步阶段，但潜力巨大。其利用亚原子特性，以前所未有的速度执行计算任务，使人工智能算法运行速度大幅提升，可能完成全新任务，在疫苗研发、新材料生产等领域开拓新可能，未来相关研究与应用将不断增长。

人工智能立法和监管持续推进，欧盟和中国已通过相关法律，限制人工智能伤害可能性，包括规范"深度伪造"、金融和执法领域应用等。未来，更多国家将出台规定，重点关注人权，降低歧视和虚假信息风险，确保人工智能安全、可靠、可控发展。随着人工智能的发展，其带来的假内容、假消息爆发式增长将成为社会重大挑战，未来政府将通过立法，民间将通过教育提升公众辨别能力，共同应对这一问题。

人工智能未来发展充满机遇与挑战，将深刻改变人类社会的各个方面。我们需积极拥抱这些趋势，充分发挥人工智能优势，同时加强监管与规范，确保其健康、可持续发展，为人类创造更美好的未来。

# 量子计算与人工智能：开启科技新纪元

在科技浪潮中，量子计算与人工智能是最耀眼的两颗明星。二者相遇，将为人类未来带来无限可能。

量子计算基于量子力学，与传统计算截然不同。传统计算以二进制比特为单元，状态非 0 即 1；量子比特具有叠加态，可同时表示多个状态，还存在纠缠态，即便相隔甚远，状态变化也能瞬间关联。这些特性赋予了量子计算机强大的并行处理能力，让其在复杂问题处理上效率惊人。

量子计算在多领域潜力巨大。药物研发中，使用传统计算机筛选数百万种分子组合可能需要数年，量子计算机却能快速模拟分子结构与相互作用，缩短研发周期。金融领域，面对瞬息万变的海量数据，量子计算机可瞬间分析全球市场数据，优化投资组合，提升投资决策精准度。

随着 AI 大模型爆发，算力需求剧增，传统计算机受物理制程限制，摩尔定律失效，数据中心能耗问题严峻。量子计算的出现，为突破算力瓶颈带来了希望。它与人工智能融合形成量子人工智能（QAI），能大幅提升机器学习效率。比如图像识别中，传统计算机训练高精度模型需数周，量子计算机可快速识别图像量子态特征，精准处理模糊、变形图像；自然语言处理上，通过分析语言数据量子态，实现更智能的人机对话。

目前，量子人工智能已取得成果。谷歌的 TensorFlow Quantum 框架助力开发出更准确预测蛋白质结构的模型；金融机构用量子 AI 优化资产配置，提升风险预测精度；汽车制造中，搭载量子强化学习算法的机器人可快速适应不同车型的生产需求。

不过，量子计算与量子人工智能发展面临挑战。量子比特脆弱，需在超低温环境下小心保护；量子计算机扩展性差，现有量子比特数量距大规模计算要求甚远；量子算法开发和优化也需要大量投入。

尽管前路充满挑战，但科学家们从未停止探索的脚步。随着技术的不断进步，我们有理由相信，在不久的将来，量子计算与量子人工智能将走出实验室，走进我们的日常生活。或许在未来，我们的智能手机将具备量子计算能力，能够瞬间处理复杂的任务，为我们提供更加智能、个性化的服务；医疗领域，量子 AI 辅助的诊断系统将实现疾病的早期精准检测，挽救更多生命；交通出行中，量子计算优化的智能交通系统将彻底解决拥堵问题，让出行更加顺畅高效。

量子计算与人工智能的融合，是一场改变世界的科技革命。它们将携手为人类开启一个全新的时代，带来前所未有的机遇与变革。让我们拭目以待，共同见证这一伟大科技征程中的每一个精彩瞬间，期待它们为人类创造更加美好的未来。

## ·项目评价·

请根据如下思维导图，回顾和总结本项目所学知识。

```
通用人工智能 ┐
具身智能    │
空间智能    ├─ 未来发展 ──[人工智能与未来社会]── 面对挑战 ─┐ 计算资源与能耗
多模态融合  │                                        │ 人工智能与伦理
类脑计算    ┘                                        │ 人工智能与偏见
                                                      │ 人工智能与隐私
                                                      └ 人机协作
```

本项目结束后，请你根据如下评价表，对本项目的学习过程进行评价。

| 序号 | 评价内容 | 达成情况 | | |
|---|---|---|---|---|
| | | 达成 | 部分达成 | 尚需努力 |
| 1 | 理解通用人工智能的概念，了解人工智能的发展方向 | | | |
| 2 | 能结合具身智能的物理交互机制，提出家庭、医疗、教育等场景中服务机器人的智能化升级方向 | | | |
| 3 | 知道视觉、语音、文本与传感器数据的融合策略，同时对该技术的未来发展方向做出合理预测 | | | |
| 4 | 初步了解类脑计算与类脑芯片，了解技术优势与应用方向 | | | |
| 5 | 理解人工智能算法升级与计算资源适配的关系，识别行业发展在资源与能耗方面的现实困境 | | | |
| 6 | 能够准确区分责任归属模糊场景与道德决策困境，了解其成因 | | | |

续表

| 序号 | 评价内容 | 达成情况 | | |
|---|---|---|---|---|
| | | 达成 | 部分达成 | 尚需努力 |
| 7 | 能针对人工智能数据偏差与算法偏见的成因，提出具有创新性和可操作性的初步解决方案 | | | |
| 8 | 能够关注人工智能领域的新成果、新趋势，对该领域有持续探索的兴趣 | | | |
| 9 | 了解实际的人机协作案例，对人机协作的本质有初步的理解 | | | |

附 录

综 合 测 评

# 一、单选题

1. 以下哪一项不属于算法的特征？（　　）

   A. 无穷性                                B. 确切性

   C. 可行性                                D. 有穷性

2. 若要搭建一个用于语音识别的 AI 模型训练平台，最适合采用哪种算力资源？

   （　　）

   A. 基础算力                              B. 智能算力

   C. 超级算力                              D. 以上均可

3. 当自动驾驶汽车发生事故时，责任最有可能归属（　　）。

   A. 仅汽车使用者                          B. 仅算法开发者

   C. 可能涉及开发者、使用者等多方          D. 仅汽车制造商

4. 以下哪种技术路线最有可能助力通用人工智能的实现？（　　）

   A. 大规模增加单一任务模型的训练数据      B. 构建多模态交互与认知框架

   C. 半监督优化现有图像识别算法精度        D. 开发更复杂的游戏 AI

5. 凯撒密码的加密规则是（　　）。

   A. 重新排列字符位置                      B. 把明文字母按规则移动

   C. 用不同字母替换                        D. 按栏数分组

6. 一组数字中的最大值和最小值统称为（　　）。

   A. 平均数                                B. 中位数

   C. 最值                                  D. 众数

7. 二分查找算法要求数组必须（　　）。

   A. 有序                                  B. 无序

   C. 部分有序                              D. 没有要求

8. 贪心算法的基本思路是（　　）。

    A. 回溯尝试所有可能　　　　　　　　　B. 动态规划

    C. 每一步都选择全局最优解　　　　　　D. 每一步都选择局部最优解

9. （　　）通过算法从数据中自动学习规律，以完成预测、分类等任务。

    A. 大数据　　　　　　　　　　　　　　B. 机器训练

    C. 机器学习　　　　　　　　　　　　　D. 云计算

10. 在决策树中，最顶端的节点为（　　）。

    A. 叶子节点　　　　　　　　　　　　　B. 内部节点

    C. 分支　　　　　　　　　　　　　　　D. 根节点

11. K 均值聚类算法属于（　　）学习算法。

    A. 监督　　　　　　　　　　　　　　　B. 无监督

    C. 半监督　　　　　　　　　　　　　　D. 强化

12. K 均值聚类算法常用（　　）度量数据之间的相似度。

    A. 距离　　　　　　　　　　　　　　　B. 长度

    C. 大小　　　　　　　　　　　　　　　D. 数量

## 二、多选题

1. 下列关于经典算法的描述正确的是（　　）。

    A. 通用性强，应用场景广泛

    B. 是构建复杂算法和系统的基石

    C. 核心依赖数据驱动和数学建模

    D. 包含排序、查找、穷举等类型

2. 以下关于算力、芯片、超级算力、云计算的关联描述正确的是（　　）。

    A. 智能算力依赖 GPU 等 AI 芯片，通过云计算实现资源调度

B. 超级算力由超算集群提供，无须芯片支持

C. 基础算力、智能算力、超级算力均需芯片作为硬件基础

D. 云计算仅整合基础算力，不涉及智能算力和超级算力

3. 对冒泡排序（升序）的过程描述正确的有 （    ）。

A. 相邻元素比较交换

B. 每次遍历将最大元素"冒泡"到末尾

C. 使用分治策略

D. 从数组末尾开始向前比较相邻元素

4. 二分查找算法的特点有 （    ）。

A. 必须应用于有序数组

B. 每次查找范围缩小一半

C. 适用于频繁修改的数据

D. 在乱序数组中效率更高

5. 通过机器学习可以完成的任务包括 （    ）。

A. 分类任务

B. 强化学习任务

C. 聚类任务

D. 生成任务

6. 机器学习的数据集通常被划分为 （    ）。

A. 样本集

B. 训练集

C. 调整集

D. 测试集

## 三、综合题

1. 请使用冒泡排序算法将"120、95、150、80、200、130"这 6 个数字按照升序排列，写出每一轮冒泡排序的交换过程，并写出每轮结束后确定的最大值。

| 轮数 | 交换过程 | 本轮确定的最大值 |
|---|---|---|
| 原始数据 | 120，95，150，80，200，130 | — |
| 第 1 轮 | | |
| 第 2 轮 | | |
| 第 3 轮 | | |
| 第 4 轮 | | |
| 最终结果 | | — |

2. 请用 K 均值聚类算法将下表所示的 10 本图书，按"页数"分为 3 类："A 短篇""B 中篇""C 长篇"，以方便不同同学借阅。

| 图书编号 | 页数 |
|---|---|
| 1 | 20 |
| 2 | 100 |
| 3 | 90 |

续表

| 图书编号 | 页数 |
| --- | --- |
| 4 | 25 |
| 5 | 30 |
| 6 | 80 |
| 7 | 70 |
| 8 | 35 |
| 9 | 60 |
| 10 | 40 |

第一步：随机选取 3 个类别的初始聚类中心，如下表所示。

| 聚类中心 1（A 短篇） | 聚类中心 2（B 中篇） | 聚类中心 3(C 长篇 ) |
| --- | --- | --- |
| 30 | 60 | 90 |

第二步：计算图书数据与各聚类中心的距离并划分数据，填写在下表中。（距离 1 代表与聚类中心 1 的距离，其他同理）

| 编号 | 特征 | 距离 1 | 距离 2 | 距离 3 | 归类 |
| --- | --- | --- | --- | --- | --- |
| 1 | 20 | 10 | 40 | 70 | A 短篇 |
| 2 | 100 | | | | |
| 3 | 90 | | | | |
| 4 | 25 | | | | |
| 5 | 30 | | | | |
| 6 | 80 | | | | |

| 编号 | 特征 | 距离 1 | 距离 2 | 距离 3 | 归类 |
|---|---|---|---|---|---|
| 7 | 70 | | | | |
| 8 | 35 | | | | |
| 9 | 60 | | | | |
| 10 | 40 | | | | |

第三步：计算各组数据的均值，作为该类新的聚类中心，填写在下表中。

| 新聚类中心 1（A 短篇） | 新聚类中心 2（B 中篇） | 新聚类中心 3(C 长篇 ) |
|---|---|---|
| | | |

第四步：用新的聚类中心替代初始的聚类中心，重复第二、三步，直到分组不再变化，并将最终结果填写在下表中。

| 类别 | 最终聚类中心 | 编号 |
|---|---|---|
| A 短篇 | | |
| B 中篇 | | |
| C 长篇 | | |

课堂练习及综合测评
参考答案